境界知能の僕が見つけた人生を楽しむコツ

なんばさん著
Nanbasan

Forest
2545
Shinsyo

まえがき

境界知能の当事者による「生きづらさ」解消法

僕は境界知能の当事者です。

境界知能とは、ＩＱ（知能指数）85～115の平均よりも低く、知的障害とされるＩＱ70未満の範囲にも収まらない、ＩＱ70～84の領域を示します。

当事者が自分が境界知能であることを公表し、本を執筆するケースは僕だけかもしれませんが、境界知能の人が珍しい存在かというと、まったくそんなことはありません。なぜなら、人口の14％、７人に１人が境界知能の領域に含まれます。30人のクラスではおよそ４人、日本全国で１７００万人ほど存在している計算になります。

しかし、たとえ境界知能の当事者でも、それを自覚している人はほとんどいないでしょう。後ほどお伝えしますが、僕はたまたま知ることができたものの、普通に生活していたら自分のＩＱを知る機会などほとんどないからです。

僕自身もそうですが、境界知能の人は、平均的なIQの人と比べて、さまざまな生きづらさを抱えていると言われます（「言われます」としているのは、当事者としては平均的なIQの人と比較しようがなく、さまざまな文献などから、そのように読み取るしかないからです）。その一方で、知的障害の人のように福祉の支援を受けることができません（自治体によっては知的障害者手帳の対象外でも支援が受けられることはあるのですが、全国的に少ないと言えるでしょう）。

なぜ、自分はみんなと同じように勉強や仕事、コミュニケーションができないのだろう……？

境界知能の自覚がなく生活していると、そのようなふわっとした疑問、劣等感がずっとつきまとうのです。

僕が「境界知能」に気づいた日

僕が境界知能であると自覚したのは28歳のときでした。

サラリーマンを辞めてからメンタルが不調になり、うつ病を疑って精神科を受診し

統計学上は７人に１人いる境界知能とは？

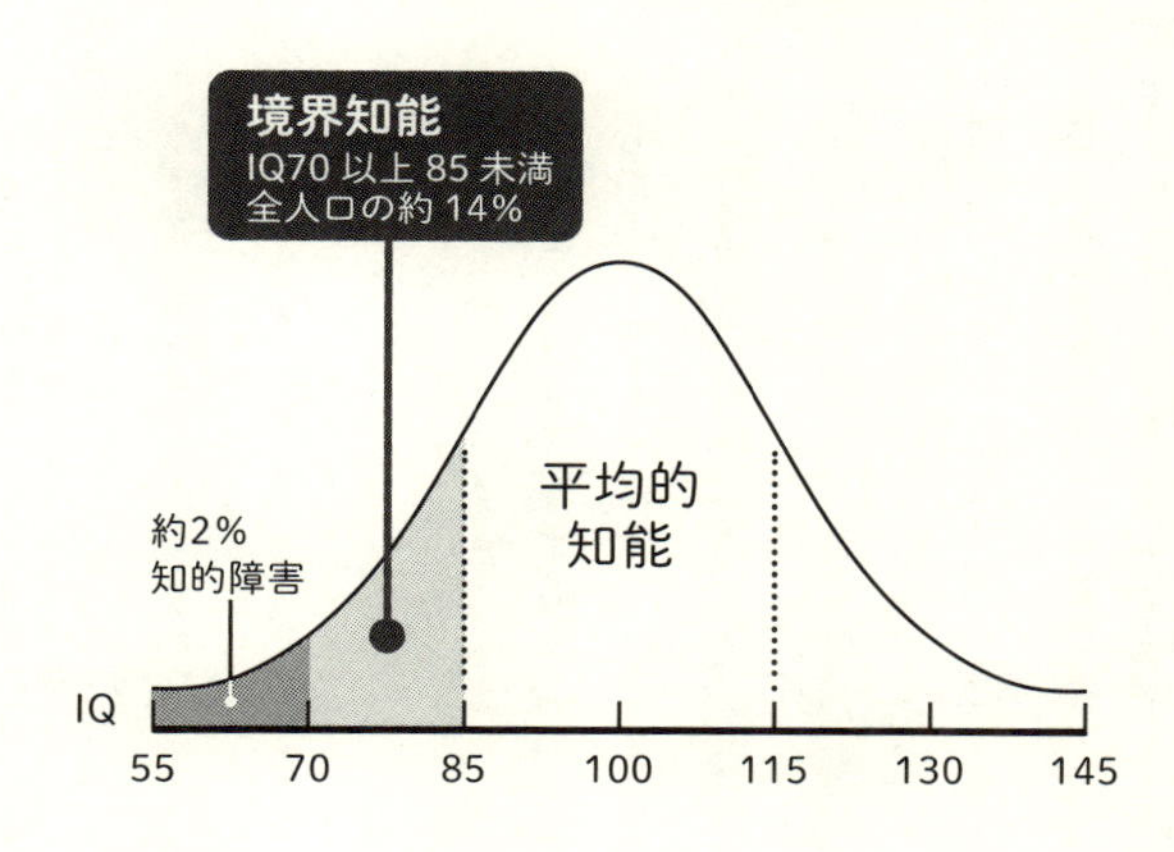

ました。すると医師から発達障害の疑いがあると言われ、WAIS(ウェイス)-IIIという知能検査を受けました。

僕の知能検査の結果はIQ84。

IQの平均が100というのはなんとなく知っていたものの、当時は「境界知能」という言葉、概念を知らなかったため、その数値を見て「少し低いな」くらいにしか感じませんでした。

ちなみに、インターネット上でも「知能検査」ができるサイトがありますが、その信憑性(しんぴょうせい)についてはさまざまな意見があるようです。より正確なIQを知りたいのであれば、発達障害の診察とともに知能検査を行っている心療内科や精神科、発達障害者の支援をしている公的な機関で知能検査を受けたほうがいいでしょう。

さて、検査後は日がたつにつれて、平均よりも低い自分のＩＱが気になりました。ＩＱが低いことが、自分の生きづらさの原因になっているのではないかと感じたのです。

そこでＩＱについて調べているときに見つけたのが立命館大学の宮口幸治教授のベストセラー『ケーキの切れない非行少年たち』（新潮新書）でした。平均的な知能よりも低いものの、知的障害とされるＩＱ70未満の数値には入らないＩＱ70〜84の領域を示す「境界知能」という言葉が出てきたのです。そして境界知能（非行少年）の特徴として、次の「5点セットと＋1」がまとめられていました。引用します。

●認知機能の弱さ：見たり聞いたり想像する力が弱い
●感情統制の弱さ：感情をコントロールするのが苦手。すぐにキレる
●融通の利かなさ：何でも思いつきでやってしまう。予想外のことに弱い

●不適切な自己評価：自分の問題点が分からない。自信があり過ぎる、なさ過ぎる
●対人スキルの乏しさ：人とのコミュニケーションが苦手
＋１　身体的不器用さ：力加減ができない、身体の使い方が不器用

数値的にいえば、僕は平均には近いもののＩＱ70〜84の領域に入っていました。

そして、その特徴についても思い当たることが多かったため、「自分は境界知能だったのか」と自覚をしたのです。

自分が境界知能であることがわかってよかった理由

普通の人は、自分のＩＱが平均よりも下、しかも境界知能であるとわかると、落ち込むのかもしれません。生まれながらに人生ハードモードだったのか、だったらこの先の人生も苦労ばかりだ、と。

最近は「境界知能」という言葉が一般化してきました。やはり、ネガティブな言葉

として受け入れられているようで、ネットスラングとしても使われています。

ＳＮＳなどを見ると、気に入らない相手に対して「クソリプするやつはだいたい境界知能」「日本語が通じない境界知能とは話にならない」「境界知能ばかりだから日本が駄目になるんだ」「この犯罪者、きっと境界知能だ」……などのような書き込みがされています。ある有名なインフルエンサーも同じようなニュアンスで使っていました。

ほとんどが売り言葉に買い言葉みたいなやりとり（いわゆるレスバ）なので、どっちもどっちなケースがほとんどなのでしょう。そして、「境界知能」とバカにされた側としても本人にその自覚がないので（自分のＩＱを知っている人はほとんどいない）、怒る人はいても、深く悲しむ人は少ない気がします。「境界知能」とバカにした側も、それがわかっているから、あまり心を傷めることなく、この言葉を安易に使えるのかもしれません。

一方、「境界知能」を自覚している僕としては、はっきり言って不快です。そして、この言葉を他人の人格否定に使う人は、つきあうと疲弊してしまうタイプの人なんだろうなと、勝手に判断しています。だから、かれらの投稿を目にするたびに、僕は「境界知能」に理解を示そうとしてくれる人との交流を深めたいという思いをより強くします。

とはいえ、僕はそれ以上、こうした風潮について深刻には考えていません。

だいたい病気や障害などの新しい概念が出てきたとき、人は否定的なモノの見方をしてしまうものです。実際、「うつ病は甘えだ」と認識されていた時代がありましたが、うつはれっきとした脳の障害であり、誰しもが罹患する可能性があることが周知されるようになりました。発達障害も同様で、「変なやつ」「迷惑なやつ」と揶揄されることもたびたびありますが、脳機能の障害ということが周知されました。境界知能も、うつ病や発達障害のように理解が得られていけば、徐々に罵倒語として使われるケースも減っていくのではないかと思います。

したがって僕は「境界知能」という言葉自体にネガティブな印象は持っておらず、むしろ自分の生きづらさの原因が境界知能であることがわかったことで安心しました。

これまで発達障害やうつ病、人格障害などの可能性など、自分なりにいろいろ調べてもしっくりくるものがなかったのですが、僕が人生で感じてきた生きづらさの正体の要因の大半が境界知能であることに気づけたのが安心の一番の理由です。それがわかれば、自分の特徴や資質に合わせて環境や状況を整えることに注力することで、生きづらさを解消できるはずです。

そんなこともあり、僕は境界知能について調べ、同じような悩みを抱えている人に向けて情報発信を始めました。そのプラットフォームが、境界知能当事者だからこそ理解できる「生きづらさ」に寄り添いながら、「自分らしく生きる」手段をお伝えするユーチューブチャンネル「なんばさん／境界知能×HSPちゃんねる」です。

そしてこのたび、こうした活動を通してリサーチしたり、他の当事者や専門家にお話を伺ったりして見つけた、少しでも境界知能の人の生きづらさが解消される習慣や考え方、ライフハックを、本書でお伝えできればと思います。

本書の構成と想定している読者について

まず序章では、「境界知能」の特徴をより深く理解していただくために、当事者である僕のこれまでの人生を簡単に振り返ります。僕1人だけのケースなので一般化することはできませんし、同じ境界知能の人でも生まれも育ちも性格も異なるわけなので、僕とは全然違う人生を歩んでいる人ばかりです。ただ、少しでもみなさんがイメージする境界知能の人の解像度が上がるのではないかと思います。

そして第1章からは、テーマごとに、僕が見つけた人生を楽しむためのコツを紹介していきます。

第1章では、僕の一人暮らしを通して見えてきた、日常における掃除や料理などの家事、そして家計の管理術といった生活のコツをお伝えします。

第2章では、境界知能の人が特に苦手としているコミュニケーションがテーマです。いかに上手に人間関係を築くかというよりは、どちらかというと、いかに自分が振り回されることなく、心を楽にできるかという視点で語ります。

第3章では、先延ばし癖や悪習慣を絶ち、理想的な習慣を手に入れる方法を紹介します。僕のように落ち込みやすい人は、日々の規則的な生活が命綱になります。

第4章では、平均的な知能の人よりも理解力が低かったとしても、どうすれば効率的に学習ができるかを、そして自分の理解力の低さとどのように向き合えばいいかを、僕自身の経験から解説します。

第5章では、僕が実践したことで、いくらかマシになった感情やメンタルを整える方法や、思い込みから抜け出す方法などをお伝えします。


僕は本書を僕と同じ境界知能の人をコアターゲットとして書いています。しかし、先述したように、自分が境界知能であると自覚している人はほとんどいないはずです。したがって、6ページにある境界知能の特徴を見て「当てはまっているかもしれない」と感じた人や、まわりにそうした特徴を持つ人がいるという家族や友人、仕事仲間の方たちにもお読みいただきたいと思っています。

また、境界知能のIQ以外の特徴については、IQに関係なく多かれ少なかれ、自覚できる悩みではないでしょうか。たとえば、感情のコントロールやコミュニケーションが苦手という高いIQの持ち主や高学歴者、社会的地位が高い人はいくらでもいるはずです。つまり、境界知能の人が持つ特徴というのは、多くの人と共有できますし、それは抱える悩みについても同様だと思います。

とはいえ、同じ悩みでも、境界知能の人とそうでない人とでは、程度の差があるはずです。したがって、これからお伝えしていく内容について、読む人によっては「なんだ、この程度のことをコツと言うのか」と思う項目もきっとあることでしょう。それでも、境界知能である僕が見つけた人生を楽しむコツのなかから、1つでもお役に立てるものがあるのではないか、そしてお役に立ててほしいと願って執筆しました。

◯本書は僕が書きました

最後にもう1点だけ補足させてください。

僕はウェブライターをした経験があり、個人的にキンドルで3冊の著書を出版しています。しかし原稿を、出版社から商業出版をするに足るクオリティにまで磨き上げるには、時間がいくらあっても足りません。したがって、僕が書いた原稿を編集者が、稚拙な表現を直したり、意図が伝わりにくい構成を整理したり、言葉足らずな箇所に適宜説明を補足したりしています。

「なんばさんだからというわけではなく、ライターを入れない場合、書き慣れていない著者の原稿は最低限読者に伝わるように、確認をとったうえでいつも手を加えていますよ」とのことです。

なぜこんなことをお伝えしたかというと、本書を読んで「境界知能の人でも普通に文章が書けるんだ」とか、「本当に本人が書いているのか？」などの余計な情報や疑問を、読者のみなさんに持っていただきたくないからです（そもそも境界知能の人でも、高い文章力をお持ちの人がいるはずなので、境界知能だからといって文章が下手だという偏見も持ってほしくはありません）。

ただただ、現状の僕の文章力の程度は、こうしたレベルであることをご理解いただいたうえで、フラットに読み進めていただければと思います。

境界知能の僕が見つけた人生を楽しむコツ ◌ もくじ

第1章 数々の失敗から得られた日常のコツ

＊家事・生活

第2章 自分を満たすと、人間関係がうまくいく

*コミュニケーション

第3章 失敗・先延ばし上等の自己管理術

*計画・習慣

第4章 「普通の人」には理解できない能力の磨き方

*学習

第5章　ノイズを消し、思い込みを壊す方法

＊メンタルヘルス

ブックデザイン　山之口正和＋齋藤友貴（ＯＫＩ－ＫＡＴＡ）
帯イラスト　髙柳浩太郎
本文デザイン・図版作成・ＤＴＰ　フォレスト出版編集部

序章

「境界知能の人」が見えてくる僕の遍歴

◯ 勉強に苦手意識がなかった小学校時代

境界知能の人というと、ドラえもんののび太のように、小学校時代から極端に勉強ができなかったのではないかと想像する人は多いでしょう。

しかし、僕のＩＱが境界知能の領域のなかでは高い数値であることも関係するかもしれませんが、小学校時代はテストでは比較的高得点をとっていた記憶があります。１００点をとったこともあります。記録していたわけではありませんが、おそらく全科目の平均点は70～80点くらいだったと思います。ただ、算数に関しては分数や小数点の概念が出てきたあたりから難しく感じていたことは覚えています。

１学年に30人２クラスしかない田舎の学校で、中学受験を目指すような友だちがいるわけでもない、勉強の成績よりも、みんなが楽しく過ごせることを優先するような、とてもおおらかな環境でした。そんなこともあり、自分は他の子よりも勉強が苦手という意識はありませんでした。

ちなみに子どもの頃については、体育は比較的好きでした。まわりの子たちと同じように体を動かすことが好きで、当時はお昼休みにキックベースやサッカーをすることが楽しみでした（ただし、後述しますが放課後に遊ぶのは敬遠していました）。ちなみに、高校生になって気づいたのですが、バスケットボールは苦手でした。ドリブルしながら走る、ジャンプしてシュートするというマルチタスク的な動きと試合展開の速さに脳の処理が追いつかなかったからだと分析しています。また、音楽の成績は5段階中3以上でした。

ただし、図工は苦手でした。手先が不器用だからです。たとえば、紙に図形を書き、それをハサミできれいに切り抜くことができませんでした。

版画の授業が印象に残っています。木の板に絵を下描きし、彫刻刀で絵のまわりを浮き彫りになるようになぞるのですが、力加減がわからず、線が太くなってしまったり、広くなってしまったりと、散々な作品になってしまいました。まわりの友だちは難なく版画をつくっていたので惨めな気持ちになったものです。

小学5年生になると、両親の離婚がきっかけで、別の小学校に転校しました。その小学校は公立でしたが、文教地区にあり、裕福な家庭が多く、ほとんどのクラスメートが塾へ通っていました。それでも小学校時代は、勉強の成績で劣等感を覚えることはありませんでした。

ちなみに、勉強以外の学校生活、特に友だちづきあいについては、自分は他の子と少し違うのではないか、という自覚がありました。

小学校の低学年の頃、幼なじみ以外の子と遊ぶ機会が増えてきたあたりから違和感がありました。他の子たちは友だちと遊ぶことを楽しんでいましたが、僕は友だちと遊ぶより1人で家でゆっくりしたいという気持ちが強かったのです。遊んだら遊んだで充実することもありましたが、1人で家にいることと天秤にかけると、後者に価値を感じ、まわりと自分には何らかの差、違いがあることを知ったのです。

ただ、境界知能だから、こうした特性があったといえるかどうかはわかりません。平均的なＩＱの人、高ＩＱの人でも、友だちと遊ぶより、1人で過ごすほうが楽しいと思う人はいくらでもいるでしょうから。

○ だんだんついていけなくなった中高時代

勉強にコンプレックスを抱かないまま小学校時代は終わりましたが、中学に入るとレベルが格段に上がり、ついていけないことが増えました。

文系科目は平均点くらいは取れていましたが、これといって得意科目はありませんでした。数学については、文字式の概念が出てきたあたりから大の苦手になりました。中学から始まった英語は、時制の概念がなかなか頭に入りませんでした。しかし、単語がわかれば意味を汲み取れることもあったので、めちゃくちゃ苦手意識があったわけでもありません。

1年生の頃はなんとか食らいついていましたが、2年、3年になると、勉強をサボっていたわけではないのですが、いつも順位は下位3分の1のゾーンに入るようになりました。

したがって、進学した高校の偏差値は50未満でした。入試では合格最低点をわずかに上回る点数で合格したことを記憶しています。

高校1年生の一学期だけ、300人中40位の成績でしたが、二学期以降は150位以下の成績になってしまいました。

偏差値50以下の高校のなかで、勉強をサボって何もしなかったわけではない僕が位置した、平均より下位という領域は、7人に1人、全人口の14％が該当する境界知能の領域と重なっていたと見ることができるかもしれません。

○専門学校に通って公務員を目指すも…

高校卒業後は公務員の専門学校に進学しました。高校を卒業してからまったく進路が決まっていなかったので、見かねた母が公務員の専門学校をすすめたのです。

専門学校では、事務系の公務員を目指して、朝から夕方までひたすら勉強していました。誘惑の多い自分の部屋ではなかなか勉強がはかどらなかったのですが、環境を整えたらある程度勉強に取り組みやすくなるということに気づき、毎日図書館に通っていたものです。

しかし結局、地方公務員試験に合格することなく、卒業することになります。

公務員へのモチベーションが大きく下がってしまったのです。事務系志望でしたが、男性よりも女性のほうが採用される割合が大きく、男性の僕には不利だと思ったことが1つ目の理由。そして専門学校に通ううちに公務員の働き方に魅力を感じなくなったことが2つ目の理由です。

公務員というと、決まった業務をすることで給料がもらえる比較的楽で安定した仕事だと思い込んでいました。

いろんなご意見があるかと思いますが、仮に想像通りだったとしたら、定年まで変わり映えのしない日常を送ることになります。高校生のときは、自分の強みはルーチン作業を行うことだと思っていたので自分に合った職業だと考えたのですが、憂鬱(ゆううつ)になってしまったのです。

もちろん、高いモチベーションを保っていたら、地方公務員試験の初級を突破できたと言いたいわけではありませんが……。

ただ、専門学校の卒業条件であった漢字検定と電卓検定の取得はしました。漢検は日本ビジネス技能漢字能力検定の1級です（一般に知られる日本漢字能力検定協会の漢検とは違い、難易度が低く、出題範囲も限定的です）。電卓検定は、卒業には2級以上の取得が必要でしたが、僕は1級を取得しました。実は2級も1級も難易度に大差はなく、授業に出席している人であればほとんどの人が合格します。

ミス連発で温厚な店長を怒らせたバイト時代

専門学校を卒業してすぐ、20歳でコンビニでアルバイトを始めました。

オープニングスタッフとして採用され、僕も含めてほとんどのアルバイトが未経験だったこともあり、店長が発注業務や比較的重労働な飲み物の補充・新商品の棚づくりなど、率先してやってくれたため、任される業務は限られていました。

レジ打ちやホットスナックの準備、品出し、床・トイレ掃除が僕のメインの仕事でした。

この頃から、仕事中にテンパることがよくありました。

たとえば、収入印紙が必要な支払いに収入印紙を貼(は)り忘れたり、税金等の請求書のお客様控えと店舗控えを誤って渡したこともあります。また、レジが混んでくると、袋への商品の入れ忘れが目立つようになりました。

特に、レジ打ちの最中に追加注文されたホットスナックの入れ忘れです。カゴに入っている商品を打ち終わってから、ホットスナックを用意しようと思いながらも、結局忘れてしまうのです。こうしたミスがあまりに頻発したものだから、何件もクレームが来ました。温厚な店長でしたが、ミスが重なるとさすがに怒り、叱責（しっせき）されました。

自分なりの改善策として、レジ打ちの途中だったとしてもホットスナックを追加注文されたら、すぐにホットスナックを用意し、それが済んだらまたカゴの残り商品の対処をするようにしたらミスがなくなりました。この改善策のほうが、タスクの順番として複雑に見えると思うのですが、一つひとつのタスクを、都度処理したほうが、僕には合っていたようです。

また、もう時効なので白状しますが、僕は未成年にタバコを売ってしまったことがありました。未成年のやんちゃな見た目から恐怖を覚えてしまい、年齢確認を怠ってしまったのです。

その後、その少年が近くのコンビニでタバコを吸っていたところが見つかり、事情聴取によって販売した僕も注意されました（未成年者喫煙禁止法第5条の違反）。

アルバイトから帰り、実家の湯船でゆっくりしていたところ、母親から「警察の人が来てるけどなんかした？」と。そのときはわけがわからず頭の中が真っ白になったことを思い出します。結局、悪質な販売ではなかったため罪に問われることはありませんでした。

こうした、一時の感情や状況に飲まれて、流されるままに行動してしまうのも僕の短所でした。

◯正社員からユーチューバーへ転身

コンビニでのアルバイトを辞めた後は、建設系の会社に正社員として入社しました。事務職を希望していたのですが、企画営業職としての採用です。ところが半年後、向いていなかったこともあり、事務員に異動するよう伝えられました。事務員の女性1人が急に辞めることになったことで、その穴埋め要員を兼ねてのことです。結果的に、当初の要望どおりの職種になったのですが、会社にしてみれば不本意な配置転換だったと思います。

この会社では5年半働きました。そして2019年9月末の退職後、うつ病と診断されて、無職の期間が半年ほど続きます。

その期間に、「まえがき」で記したように、自身が境界知能であることを自覚しました。そして、長年やりたかったユーチューブを始めました。また、正社員のころから副業としてやっていたウェブライターを続けました。

うつ病と診断されたこともあり、精神障害者手帳（精神障害者保健福祉手帳）２級を取得しました（境界知能は福祉の支援の対象にならないので、障害者手帳を取得できません）。精神障害者手帳を持つことで、障害者雇用の対象となり、就労継続支援への応募が可能になるため、就職や転職の幅が広がります。また、各種税金や公共料金の控除や割引などが適用されます。

結局僕にとっては、正社員やフリーランスの働き方では負担が大きく、Ａ型作業所（一般就労が難しいものの、一定の支援があれば働くことができる人を対象に雇用契約を結んで働くことができる障害福祉サービス）にて半年間軽作業をしていました。その後はＩＴ系の企業の障害者雇用枠で約半年ウェブライターをしたのです。

境界知能の人は事故を起こしやすい？

現在はユーチューブ活動と電子書籍販売、電話相談サービスなどを行っています。スポットでウーバーイーツの配達員もしています。

収入は、一人暮らしがなんとかできるくらいです。ただ、それではいけないと思い、つい数カ月前からインデックスファンドに少額ながら投資しています。また支払いによってつくポイントを運用して、なんとかやりくりしています。

ちなみに、ウーバーイーツの配達にはバイクを使っており、月40時間ほど運転しています。

境界知能の人は運転免許証を取得することが難しいと言われていますが、僕は普通自動車第一種運転免許を1回の試験で取得しています。

とはいえ、ギリギリの合格。筆記試験はあまり苦戦しませんでしたが、実技は苦手でした。マニュアルの操作になかなか慣れなかったのです。教習所内の道路で何度もエンストを繰り返したものです。また、道を覚えることがとても苦手でした。最終試験では複雑なコースとシンプルなコースの2つのコースが用意されており、どちらかのコースが試験官によって選ばれるのですが、運良く後者のコースでの実技だったためになんとか乗り切れたのです。

ただ、車の運転に関しては4年ほど前からほぼしていません。車の維持費が高いのと、単純に向いていないと感じたためです。

車での事故は2回あります。1回目は単独事故で、コンビニの駐車場からバックする際にポールに当たり左側のドアをへこませました。2回目は赤信号で停車すべきときに、前の車に軽い接触をしました。

バイクに乗るようになってからは、軽微な違反が何回かあります。累積点数が6点になり、免停30日になったこともありましたが、幸いにも違反者講習を受ければ免停期間が免除されたので、実際は免停期間はありませんでした。

こうした事故や違反が僕の境界知能という特性によるものだと考える人もいるかもしれません。しかし、それはおそらく乱暴な解釈で、僕の特性も含めてさまざまな要因が複合的に絡んだ結果だと考えています。

ただ、人身事故を起こしたり、飲酒運転や危険運転をしたことはもちろんありません。僕の一例しか示していませんが、境界知能だから運転が下手で、不注意から大きな事故を起こしやすいという情報があるのだとしたら、慎重な態度で向き合い、冷静な判断をしていただきたいものです。

◯境界知能の人は恋愛が苦手？

ここまで読んで、もう少し、甘酸（あまず）っぱかったり、色気を感じさせるエピソードはないのか、と思われた人もいることでしょう。

しかし残念ながら、僕には語れるほどの恋愛経験はありません。感情を表したり、汲み取ったりする非言語コミュニケーションが苦手ということもありますし、気になる女性に対して僕も「相手が何を考えているかわからない」し、おそらく相手も同様の印象を持っていたのではないかと想像します。これでは恋愛に発展するのは難しいでしょう。

もっとも、恋愛に限らず、コミュニケーション自体が苦手です。場合によっては、周囲から煙たがられ孤立していきます。その結果コミュニケーションの機会を失い、ますます苦手意識が芽生えるのだと思います。

もちろん、この僕の一例をもってして、境界知能の人は恋愛ができないと判断されたら困ります。たまたま僕の資質が恋愛に向いていなかっただけで、青春や青年期を謳歌したり、素敵な家庭を築いている境界知能の人は、間違いなくたくさんいるはずですから。

さて、ここまで僕の人生をざっくりお伝えしてきましたが、あなたの抱いていた境界知能のイメージとギャップはありましたか？　あるいはほぼ合致していたでしょうか？　または、なんて味気のない人生なのだろうと思うかもしれません。

しかし、決してそんなことはありません。確かに、僕はさまざまな挫折を経験しましたし、現在進行形で多様な生きづらさも抱えています。

それでもみなさんと同じように、日々の生活に喜びや楽しみ、希望があったからこうして生きてきました。そしてそれらは、少しの工夫や、考え方を少し変えるだけで、簡単に感じることができるものなのです。

　次章以降、僕がこれまでの人生のなかから見つけた、そしてユーチューブを始めたことによって知りえた、境界知能の人が少しでも人生が楽しくなるためのコツをお伝えしていきます。

第1章

数々の失敗から得られた日常のコツ

*家事・生活

1 冷蔵庫は買うのではなく、レンタル一択！

1人暮らし用の小さい冷蔵庫でも2、3万円はしますし、それなりにスペースをとります。購入するには、思い切った決断が必要です。とはいえ、「冷蔵庫で何度も失敗」という人は稀（まれ）でしょう。それなりに考えて購入するわけですから。

ところが、僕は1人暮らしを始めてから冷蔵庫で何度も失敗を繰り返してしまいました。そして最終的に至った結論が「冷蔵庫はレンタル一択」なのです。

そこに至るまでの僕の冷蔵庫遍歴を簡単にお伝えしましょう。自身のライフスタイルにどんな冷蔵庫が合っているかを考えながら読み進めてみてください。

部屋に備え付けの50リットルの冷蔵庫の場合

1人暮らしの僕の部屋には最初から備わっていた50リットルほどの冷蔵庫がありま

した。50リットルというと、2日分の食材をストックできるくらいの大きさです。しかし、冷凍機能がついていなかったので何かと不便でした。

僕は実家暮らしのときにたまたま見た冷蔵庫を置かないミニマリストのユーチューブ動画に影響を受けていたので、後先を考えずに50リットルの冷蔵庫を回収してもらいました。

冷蔵庫なしの場合

冷蔵庫がないと、「稼働音を気にせずにすむ」「電気代を節約できる」「部屋に余白ができる」というメリットがあります。特に聴覚過敏の僕にとって稼働音は大きなストレスになります。

「自分もミニマリストになれた」という高揚感もあって、当初は満足していました。自炊や食事に充てる時間が減って自分の時間が増えることにもメリットを感じたものです。

しかし、食事をコンビニやスーパーの惣菜に頼っていると、当然食費が上がります。なんだかんだで、1日の食費が2000円を超えることも珍しくなくなりました。しまいには、食材を買いに行くことさえ面倒になり、ウーバーイーツなどで簡単にすませることも。すると、1カ月の食費が10万円近くになってしまいました。

さすがに、冷蔵庫がないことによるメリットは、浪費される食費の大きさの前に、あまり意味をなさなくなってきました。

150リットルの冷蔵庫の場合

そして考えを改めて冷蔵庫を購入することにしました。150リットルほどの冷蔵庫は、1人暮らしにしては大きいサイズです。購入理由はネットやユーチューブ等で情報収集をしていたときに、「冷蔵庫は大きいほうがいい」というコメントばかりが目に入ったからです。

しかし、これが僕にとっては失敗でした。ズボラな僕は、冷蔵庫が大きいことで安心して、必要のない食材を買って、冷蔵庫を圧迫した挙げ句、消費期限を切らすことが多発しました。

管理が難しかった僕は泣く泣く150リットルの冷蔵庫を手放すことにします。

110リットルの冷蔵庫の場合

何度失敗すれば気がすむんだという話ですが、これらの失敗を教訓に、今度こそは小さすぎず、大きすぎずの容量である110リットル前後の冷蔵庫を取り入れました。

これが僕にとっては正解でした。110リットルという制限があれば、大きすぎたときのデメリットだった無駄な買い溜め（だ）をしなくなります。また食事回数や、食事量にもよりますが、50リットルで冷蔵機能だけのものと違い、食材をまとめてストックしておけるのも自分に合っていました。スーパーで安売りしている食材をまとめ買いできるので、頻繁に買うよりお得です。その結果、1カ月の食費を約3万円に下げられるようになりました。

機種によっては、冷蔵庫の容量が異様に大きくて冷凍庫の容量が小さいものもあります。用途にもよりますが、個人的には冷凍庫が大きいものだと、たくさんの食材を

僕の一人暮らし冷蔵庫遍歴

	費用	使い勝手など	結果
50Lの冷蔵庫	0円（入居時の備え付け）	1人暮らしの2日分の食材が入る大きさ。冷凍機能がないので不便。	廃棄
冷蔵庫なし	0円（電気代など節約できる）	外食、弁当などが増え、1カ月の食費が10万円近くになることも。	頓挫
150Lの冷蔵庫	5万円ほどで購入	大量の食材を買って保存するも、消費期限切れが続出。	廃棄
110Lの冷蔵庫（レンタル）	月額2,000円	1人暮らしにはちょうどいい大きさ。自炊をするようになり、1カ月の食費が3万円程度に。	継続

長期保存できるのでおすすめです。

○レンタル冷蔵庫の場合

実は110リットルの冷蔵庫は月額2000円のレンタルサービスで導入したものです。

僕の場合、なるべく稼働音が小さいほうがいいという以外に特にこだわりがなかったので、最低限の機能がついた月2000円の冷蔵庫を借りています。僕のように食費が半分以下になるのであれば、2000円のランニングコスト（維持費）は余裕で元を取れます。

一人暮らしを始めたての頃は、いきなり新品の冷蔵庫を買うことに抵抗がある人もいるでしょう。賃貸だといつ引っ越すかわからないですし、僕のように一度導入して合わなかったときに手放すのも一苦労です。中古を購入する手もありますが、臭いが気になったり、安いものであるほど、訳ありだったりすることも。

レンタルだと取り扱いに気をつけたり、月額使用料の払い忘れ等を気にする必要はありますが、契約内容によってはいつでも返却可能ですし、初期投資も抑えられるのでかなりおすすめです。契約にはたいていの場合、さまざまなプランがあるので、自分に合った内容を選びましょう。僕はさまざまな失敗で懲りたので、安直とは思いつつも、一番安いプランで契約しましたが……。新品や中古で冷蔵庫を買うのに抵抗がある人はぜひ検討してみてください。

冷蔵庫は物理的にも金額的にも大きな買い物。そうしたものの購入を検討するときは、リスク回避のために、「そもそも購入する必要があるのか？」という真逆の視点を持つと、思い込みで偏った自分の思考の死角に気づくもの。すると、私にとってのレンタルがそうだったように、最適解にたどり着けるかもしれません。

2 ドラム式を使うくらいなら、洗濯機なんていらない

僕は一人暮らしのために引っ越した当初、「絶対にドラム式洗濯機を買う！」と決めていました。ボタンを1回押すだけで洗濯から乾燥までしてくれるのですから。

縦型洗濯機にも乾燥機能が搭載されているものがありますが、ドラム式洗濯機の乾燥機能の優秀さにはかないません。実際に、縦型洗濯機の乾燥機能に不満がある人の口コミをよく見かけます。

しかし、僕はあえて言わなければなりません。ドラム式洗濯機に期待しすぎないほうがいい、と。特に、僕のように情報に流されやすい人は、安易に手を出すべきではありません。そもそも次のようなデメリットがあるからです。

価格――デメリット①

ドラム式洗濯機は安いモデルでも10万円以上はします。縦型洗濯機であれば、半額以下で導入できます。初期投資で10万円以上消えてしまうのは痛手です。

手間——デメリット②

2つ目のデメリットは、「手間」です。「え？　さっきと言っていることが違くない？」と思われたはずです。

しかし、「ドラム式洗濯機は、手間がまったくかからない」わけではありません。実際は、乾燥機能やエネルギー効率が落ちないように洗濯をするたびに埃(ほこり)を取り除いたり、縦型洗濯機ほど洗浄力が強くない機種もあるので、汚れが目立つ箇所には部分洗い用の洗剤を事前に馴染(なじ)ませなければなりません。これが地味に面倒です。掃除を怠れば、衣類に臭いがつき、清潔感がなくなります。

置き場所——デメリット③

3つ目のデメリットは「置き場所」です。僕はこれに最も苦労しました。洗濯機を置くためのスペースをほとんど考慮することなく買ってしまったのです。「洗濯機なんてどこでも置けるでしょ」とあまく見ていました。洗濯機を置けるスペースはもちろん決まっています。そもそも家の搬入口に入らなかったり、入ったとしても洗濯機置場までの通路の幅が狭すぎて搬入できないという最悪な事態も想定されます。

ちなみに僕はあらかじめ洗濯パンのサイズを測ったり、匿名掲示板で詳しい方に助言をいただいたので、なんとか家の中に搬入することができました。しかし、食洗機を置いていた場所と給水用の蛇口の位置がバッティングしているという不測の事態が発生したため、その対処に大変な苦労をしたものです。

これらのデメリットを考慮したうえで、それでもドラム式洗濯機が気になるという人は導入してもいいと思います。

一人暮らしにはコインランドリー最強説

では結局、僕はどのように洗濯をしているのかというと、「コインランドリー」を利用しています。「縦型洗濯機じゃないんかい！」というツッコミをした人、ありがとうございます。僕の自宅には現在、洗濯機がありません。先ほど挙げた理由もありますが、引っ越しを身軽に行いたいという目的を優先しています。

コインランドリーに設置されている洗濯機は基本的に乾燥機付きのものがほとんどですし、業務用なので乾燥が弱いといった問題にも悩まされません。また、洗濯機を家に置くコスト（導入費や管理の手間、設置スペース）も省けます。特に次のような人には、洗濯機を導入するよりもコインランドリーの利用をおすすめします。

- コインランドリーが徒歩10分圏内にある人：遠いほど洗濯が億劫になるため、やはり近くにあるほうが便利です。
- 最新のコインランドリーが近くにある人：古い施設だと支払い方法が限定されることが多く、なかには洗濯機と乾燥機が分かれている施設もあります。
- 所有している衣類が少ない人：衣類が多いと、特に夏場は臭いや汗が染み込んだ衣類を放置すると不衛生ですし、毎日コインランドリーに通わなければならないし、それにともなって、当然利用料もかさみます。僕の場合は3日に1回くらいの頻度で通っています。

●1年以内に引っ越しを検討している人、するかもしれない人：今から洗濯機を導入すると余計なコストがかかります。

初めて洗濯機を購入する際は、まずはコインランドリーを使って様子を見てからでも遅くはないでしょう。普通の人であれば、予算やスペース、機能など、さまざまなことを考慮して最適解をすぐに導けるのではないでしょうか。

しかし、僕の場合「一人暮らしを始めるんだから洗濯機は必須アイテムだ。そして洗濯機なら手間がかからないドラム式が最強だ」という強い思い込みから、「部屋に洗濯機がなくても十分生活できる」ことに思い至らないのです。

冷蔵庫を何度も買い替えたように、僕は一度か二度失敗しないことには、なかなか最適解に気づけません。せめて読者のみなさんが同じ轍を踏まないための参考になればと願っています。

3 水回りの汚れはあえて「放置」する

僕は水回りの掃除が大嫌いです（まあ、好きな人はあまりいないと思いますが）。臭いが充満したり、ヌメヌメとしてきて、２、３日放置するだけでも臭いが充満します。

僕の部屋はユニットバスなので、お風呂（ふろ）に入った後にはトイレ側も濡（ぬ）れてしまいます。トイレやお風呂は直接肌が触れる場所なので、清潔にしなきゃとわかっているのですが、どうにも掃除をしようという意欲が湧きません。そして、掃除をしなければしないほど汚れがこびりついて、さらに掃除への意欲が減退します。夏場には虫が発生することも。こうした事態は、さすがに避けなければなりません。

そこで僕は放置系の掃除用品を使うことにしました。ここで言う放置系の掃除用品とは、洗剤をかけておけば、ゴシゴシこすらなくても、しばらくしてから水で流すと汚れが落ちるタイプのものです。放置している間に他のことができますし、何より掃除している時間を圧倒的に短縮できます。

以下、トイレ、キッチン、お風呂の順番で、放置系洗剤を使ってどのように水回りを掃除しているかお伝えします。

トイレ掃除

スキマ時間にトイレハイター（垂れにくいジェル状の洗剤）をトイレの縁に塗って一定時間放置しておけば、軽い汚れであれば水を流すだけで落ちます。

汚れがひどい場合は、数回繰り返す必要がありますが、それでも普通にゴシゴシこするよりは格段に楽です。

汚い話で恐縮ですが、僕は一度トイレ掃除を数カ月間怠ってしまい、封水（常に水が溜まっているところ）に頑固な汚れを溜めてしまいました。こすってもまったく落ちません。重曹とクエン酸を使って落とそうとしたこともありましたが、まったく効果がありませんでした。

調べてみると、サンポールという放置系の薬剤で落ちるという情報を目にしました。

ゴム手袋をして、封水の水を奥に追いやると、水かさが少なくなります。そこにサンポールを吹きかけて約十数分放置。ブラシでこすると、あら不思議、みるみる汚れが落ちていきます。こんなにも簡単に落とせることに、それまでの努力はなんだったのか、めちゃくちゃ楽じゃんと感動したことを思い出します。

キッチンの掃除

キッチンで使う放置系洗剤は、基本的にウタマロクリーナーという商品1本で完結します。この商品も10分程度放置してキッチンペーパーなどで拭き取るだけで、汚れがかなり落ちますし、キッチン周辺の嫌な臭いもかなり解消されます。

キッチンの排水口には、もともとプラスチックの水切りカゴが入っていました。すぐに汚れがつき、悪臭を放つようになります。そこで、プラスチックではなく、ヌメリがつきにくいステンレス製の水切りカゴに変えたところ、かなりメンテナンスが楽になりました。ちなみにこの原稿を書いているときに調べたところ、銅製はヌメリも臭いも発生しにくく、さらに雑菌の繁殖が押さえられるそうです。

風呂掃除

風呂掃除はほとんどしていません。1カ月に1回くらいの頻度で、バスマジックリン等の放置系の洗剤を吹きかけてシャワーで流しています。

というのも、通っているジムのシャワーや銭湯で入浴をすませているからです。自宅のお風呂を使わないのは、毎回の掃除や給湯が面倒なことが一番の理由です。入ったら入ったで、湿気によるカビが発生してしまいます。

僕が通っているジムではシャワーの使用料も月額料金のうちに含まれていますから、意外にお得なのです。シャワーだけで疲れが取れそうもないときや気分転換したいときは銭湯を利用します。

以上のように、放置系洗剤を使うことで大抵の汚れは落ちますし、そもそも掃除の回数をできるだけ減らす工夫をしています。

4 床に物を置いてしまう人の掃除術

僕は床に物を置いてしまう癖があり、いざ掃除をしようとしても、転がっているものを見るだけで、その思いが挫かれます。

特に、忙しい時期が続くとあっという間に床面積の3分の1〜2分の1が物で溢れてしまい、結局掃除が後回しになります。というか、掃除ロボットがあることが、逆に掃除をしない理由にもなってしまったのです（床の2分の1しか、掃除されていないとわかっているのに……！）。

一人暮らしを始めた当初はモノがほとんどなかったので、掃除ロボットを使っていましたが、もうあのときのようにはいきません。掃除ロボットはレンタルだったので、あまり痛手を負わずに手放すことができたのが幸いでした。

○大型より小型の掃除機

そこで、今の僕がしているのは、ハンドクリーナーとウェットティッシュでの床掃除です。

ハンドクリーナーは手で持てる小型の掃除機です。普通の掃除機に比べて小さいため、小回りが効きやすいのが特長です。

比較的狭い部屋（8畳くらいまで）であれば、普通の掃除機をかけるよりも効率的ですし、格納のための場所を取りません。床に多少のものが転がっていても、片方の手で物を移動し、もう片方の手で持ったハンドクリーナーで掃除ができます。普通の掃除機に比べて吸引力が若干弱いと感じますが、それ以外は不満を感じたことはありません。

僕はせっかく買ったものでも、気に入らないとすぐに使わなくなったりするのですが、2年使い続けているほど気に入っています。

雑巾よりもウェットティッシュが優れている理由

ただ、掃除機では床についた軽い汚れは取れません。そこでウェットティッシュの登場です。手の届く位置に１個あれば、さっと取り出して汚れを落とせますし、使ったらすぐに捨てられます。

以前は雑巾（ぞうきん）を使っていたのですが、濡らす↓拭く↓洗う↓乾かすという一連の流れが面倒でやめました。雑巾は頑固な汚れを落とす場合には向きますが、僕のように面倒くさがり屋にはウェットティッシュがおすすめです。

確かに、こびりついたしつこい汚れに関してはウェットティッシュでは落とせません。しかし、だからこそ軽い汚れのうちに掃除をしようという意識が働き、それが習慣化しました。

僕は、６個で１セット、１０００円未満のウェットティッシュを、３カ月に１回ほどのペースで買い足しています。１カ月あたり３００円程度です。他のことにも代用できますし、家に常備しておくとたいへん便利ですよ。

5 ものを増やさないための捨てる基準・買う基準

僕は一人暮らしを始めて3年以上が経ちますが、いまだに片付けが苦手です。引っ越してから1年くらいは、極力ものを増やさないようにしていました。部屋に余白があった頃は、脳内にも余白があった感覚がありました。

しかし、1つものが増えるたびに「どこにしまおうか」「これはまだ捨てないでおこう」などの考えが頭のなかをぐるぐる回り出し、他の家事や仕事に集中できなくなったり、休息しようとしてもリラックスできなくなってしまいます。

したがって、最近はものを減らすことを意識しています。また、購入時も失敗しないように慎重に考えるようになりました。その結果、少しではありますが、部屋に余白が生まれつつあります。

以下、ものを増やさないための僕なりの4つの基準をまとめました。

①「今」必要かどうか

未来や過去を考えると、絶対に捨てられなくなります。よくお気に入りの服が捨てられないという人がいますが、これは過去の思い出から捨てられなくなるのです。

また、僕はスーツが捨てられませんでした。フリーランスになると、ほとんどスーツを着る機会がなくなります。式典やイベントなどに行くこともありません。ただ、「もしかしたらいつか着るかもしれない」と未来に期待をして捨てられなかったのです。

このように、過去や未来を考えて残すかどうかを決めるのではなく、「今」に基準を合わせることにしました。30代になり落ち着いた服を好んで着るようなら、20代の頃に着ていた少し派手めな服は捨てていいだろう、というふうにです。

また現在、機能的な服を好んで着ているのであれば、デザイン性が高い服を捨ててしまってもよいでしょう。このように「今」を基準に考えていくと、残すか捨てるかの判断がつきやすくなります。

ちなみにスーツに関しては、どうしても必要になったときは、少し割高にはなるもののレンタルで間に合わせようと考えています。

②所有するデメリットを考える

所有するものが多くなるほど管理コストがかかります。

たとえば、収納スペースが増える＝余計な出費が増えることにもつながります。要するにものが増えると、既存のスペースに収納できなくなりますから、収納するためのボックスや棚を購入する必要があるわけです。また、何もしていなくても収納スペース分の家賃が発生していることにもなります。

このようにものが多すぎると何がデメリットなのかを理解しておくとよいです。実はマイナスな状況を自分でつくり出していることが実感できます。

③1つ買ったら1つ手放す

僕は「新しいものを1つ買ったら1つ手放す」をルール化しています。

最近、パソコンの調子が悪く、新しくタブレットを購入しました。ここ数年はずっとパソコンとともに生きていましたので手放すには勇気が必要でした。結果的に、タブレットの使い勝手が気に入り、パソコンがなくてもなんとかなっています。

また、新しいＴシャツを１枚購入したらあまり気に入っていない１枚を捨てるなどして、ものが溜まらないようにしています。

身の回りにあるものを、今の自分に最適になるようにアップデートしていく感覚が楽しいですよ。

④本当に欲しいもの、あるいは極端に安いものだけを購入する

服を例にすると、１万円するけど心の底から欲しいＴシャツと、同じようなデザインで１０００円で買えるＴシャツがあったときに無理をしてでも前者を購入したほうが、満足度が高いと考えています。

「絶対にこっちがいい」とわかっていても、何かと理由をつけて妥協した選択をする人もいるのではないでしょうか。僕も「この値段なら本家を買わなくてもいいんじゃない？」と思って、代用品を買うのですが、結局後で後悔します。

妥協して買ったものは、どこかしっくりこないところが1つでも見つかると、「やっぱ、あっちのほうがよかったかな」と思ってしまいます。一方、本当に手に入れたかったものは、「自分で選んだ」という事実から、愛着が湧くものです。

僕が最近買って失敗したのはイヤホンです。本当はノイキャン（ノイズキャンセリング）搭載のイヤホンが欲しかったのですが、高くて手が出ませんでした。多少奮発してでもノイキャン機能がついたものを買えばよかったなと後悔しました。僕は聴覚過敏なのでノイキャンがついていれば、いつでもどこでも静かな環境をつくり出せたのに……、と。

もし、値段がネックになって選べないようだったら、極端に安いものを選択するのも得策です。それで満足できればそれに越したことはないですし、失敗したとしても、ダメージはそれほどありません。

僕は以前、蒸し料理がしたくなり、蒸し器を購入しようとAmazonで調べたのですが、どれも1000円近くするものばかりでした。そこで、まずはものは試しと百均の蒸し器を利用してみたのですが、甘くて美味しい蒸し野菜をつくることができました。

１０００円の蒸し器を使ったことがないので、安易に評価できませんが、商品の構造自体は大差ないので、そこまで使い勝手や料理の仕上がりに差があるとは思えません。

○保留ボックスが捨てるか捨てないかを判断してくれる

以上の４つの判断基準で、だいぶものを減らせたり、無駄なものを買わなくなると思います。

しかし、やっぱり一度買ったものは捨てられないという優柔不断な人もいることでしょう。

そんな人におすすめしたいのが保留ボックスです。捨てるかどうか迷ったものを一定期間入れておき、その間に一度も使わなければ処分していいと判断します。

僕の経験では半年間まったく使わなかったものは、今後使うことはほぼありません。

迷ったものはこのボックスに入れておき、一定の期間が経過した後、一切手をつけていないものならば捨ててしまってもよいとするのです。

残すという選択をあえて取っているのならいいのですが、「なんとなく」「もったいないから」というふわっとした気持ちなのであれば、思いきって捨てるべきです。

ちなみに、僕は一時期サブスク制のレンタル貸倉庫のサービスを使っていましたが、結局使わなくなりました。預けるためにはダンボールを取り寄せ、そこにものを入れ、発送手続きをします。必要になったら、取り寄せるための手続きをします。

結局、年に数回しか出番がないものを面倒な手続きで出し入れするのは負担ばかり感じていました。

以上のような、捨てるかどうか、買うかどうかというのは、日常においては些細(ささい)な選択・判断だと思う人もいるでしょう。

しかし、僕のように優柔不断で周囲に流されやすい人間にとっては、小さな選択・判断の積み重ねが、将来、大きな決断を迫られたときに、自分の意思で少しでも後悔しない選択をするための、良いリハビリ、学習になるものです。

6 億劫な家事は「ついで」にこなす

仕事を早く切り上げて、自宅に帰り自炊するという場面があるとします。ソファでくつろいでいた状況から、お湯をわかすためにポットに水を入れようと、リビングから台所まで歩いて向かいます。このときに、シンクに洗い物が残っていました。「うわ……、朝食の洗い物が残ってたんだった……」と、多くの人はついでに洗い物をするでしょう。しかし、僕はポットに水を入れるだけして、ソファに戻ってしまうのです。

そしてソファに寝転びながら、スマホでSNSを見ているのですが、皿洗いのことが気にかかり集中できません。平均的な知能の人だと、洗い物などの雑事は後でやろうと頭の端っこにしまっておき、メリハリをつけるのかもしれません。しかし、僕はずっと洗い物のことが頭に引っかかってしまい、本来集中すべきものや、リラックスすることに支障が出るのです。

○「ついで」という感覚に気づこう

かつての僕は何かをする「ついで」という感覚が、ほとんどありませんでした。社会人の1年目に課長から「要領悪いね」と言われたり、同僚の女性からも「なんでこんなに時間かかるの？」等と言われていました。その頃の僕はどうすれば要領が良くなるかを考えるより、「なんで僕はこんなことができないのか」ばかり考えていました。要領のいい先輩の女子社員を見て、同じことをしていても数倍の時間がかかっている自分を自覚したときは、「こんながんばっているのに何で……」と自分に対する憤りを覚えたものです。

徐々に仕事に慣れてきて、まわりを観察する余裕が生まれたときに、あることに気づきます。要領が悪いことの理由の1つに、仕事を「ついで」にやっていなかったのだと気づけたのです。

勤続年数が長い人たちほど、何かをするついでに別のタスクをこなしていました。

たとえば、来客にコーヒーを配膳する際に、席を立ち上がって移動します。その際に、コーヒー豆を補充したり、近くにいる人に仕事の進捗を聞いたりしていました。また、1回の電話で、「ところで、あの件どうなりましたか？」などと複数の案件の進捗を確認したりしていたのです。

このように、雑多な業務を別々のものとしてこなすのではなく、複数のタスクを「ついでに」処理したほうが効率的ですよね。

そうはいっても、僕は何と何を一緒にこなせばいいのか、最初はなかなか気づきませんでした。あるタスクをしていると、別のタスクのことが頭からすっかり抜け落ちることが多かったからです。そこで僕は「◯◯と△△は□□のときについでに一緒に処理する」とメモしていました。

◯ 僕が「ついで」にしていること

僕が日常や仕事で取り入れている「ついで」にしている行動をいくつか紹介します。

外出15分前に「ついで」に掃除機をかける

一人暮らしで狭い部屋に住んでいると、「やろうと思えば、いつでも掃除できる」という状況が逆にやらない理由になります。

そこで僕は、外出と掃除を結びつけました。

外出をする際には服を着替え、身支度を整えます。すると、個人的なことかもしれませんが、行動意欲が高まっていることを実感します。本来は面倒な掃除機をかけるという行為に取り掛かりやすくなります。また、15分という時間の制約があることで、「今日はここだけやろう」「この部分の床が特に汚れているからここだけ重点的にやろう」など、目的意識も生まれ、掃除そのものが効率化します。

散歩の「ついで」に雑事をする

雑事に毎日の習慣を紐づけると、効率化できます。

僕は毎日している散歩と、買い物・支払い関係・ゴミ出しを結びつけました。それらを休日にまとめてやろうとすると、意外と時間を取られますが、毎朝30分の散歩のときにゴミ出しをしています。

買い物や支払い関係は、朝だと店舗が閉まっている場合があるため、夕方に散歩に行くときやジムの帰りなどのついでに行います。

ジムに行く「ついで」に洗濯をする

ジムに行くときと洗濯をセットにしています。

ジムに行く途中にコインランドリーで洗濯物を洗濯機に入れます。そして帰り道、洗濯と乾燥が終わった洗濯物を回収して家路につきます。

家事や雑事をすることを目的とするとモチベーションが萎えますが、何かと「ついで」に行えないかを考えることで、時間を有効活用できている感覚になります。

家事や雑事に追われている感覚のある人は、何かのついでにそれを行えないかを考えてみてください。

7 自炊は「煮る」と「生」で9割

自炊・外食どちらにもメリット・デメリットはありますが、食費を気にするのであれば、もちろん自炊にアドバンテージがあります。

僕がサラリーマンだった頃は、昼食は毎日外食やコンビニ弁当だったこともあり、月の食費は5～6万円もかかっていました。

しかし、今は自炊をメインにしており、毎月の食費を3万円程度に抑えられています。

とはいえ、僕は、あまり料理が得意ではなく特別好きでもありません。したがって、「無理をしない」ことを自炊の方針にしています。自炊できない日があってもいいじゃないかという心持ちです。

そんな僕でも、今はほぼ毎日、最低1食は自炊をしています。

調理法も無理をしない

「無理をしない」は、自炊の頻度だけでなく、調理法にも当てはまります。

以前はスペアリブなど、こだわった料理をつくっていたこともありますが、結局続きませんでした。今は、最低限の栄養を簡単にとれる料理を中心につくっています。料理はほぼ毎日するものなので、続けられることが大事です。

調理法には、「生・煮る・焼く・蒸す・揚げる」の５つがあります。その中で、煮るもの（汁もの）を僕はよくつくります。「煮る」ことがメインの料理は、火加減や火の扱いさえ気をつければ常にキッチンで見張っている必要もなく手間がかかりません（火加減を自動調節してくれるＩＨを使っていました）。僕が自炊をある程度継続できているのは、この煮る調理法を多用しているからです。

具材（肉類、魚介類、葉物・根菜、芋類、海藻類、豆腐など）を適当に切って水に入れ煮えたら、味噌や醤油、塩コショウ、ブイヨンなどで味を整えれば出来上がりです。手間はかかりません。具材を工夫すれば「タンパク質」「糖質」「脂肪」「ビタミン・ミネラル」「繊維質」と栄養も満遍なくとることができます。旬の野菜などの食材を使えば季節感も満点です。冬は鍋物もいいでしょう。

最近はＩＨが壊れたことで、カセットコンロで調理をすることが増えました。ガスコンロだと火力が強く、見張っていないといけないのですが、それはそれで料理中の音（油が跳ねる音、お湯がふつふつと沸く音など）に注意を払っていると、不思議と心が落ち着くことがあります。

ガスコンロとはいえ、火が通るまでにある程度時間がかかる食材はスマホでおおよその時間をタイマーでセットしたうえで、スキマ時間を別のことに有効活用しています。

ちなみに麺類やゆで卵も煮る料理ですから、僕の料理の8割はそれで成り立っているといえるでしょう。もちろんそれだけでは飽きてしまいますので、たまに焼く、生といった調理法も用います。

なんだかんだ、自分でつくった料理は、どんなにズボラなものでも愛着が湧くので、おいしくいただけます。

◯調理しない、生で食べられる食材を常備

気温が高い季節は、生野菜（特にキャベツなど）を洗ってそのままかぶりつきます（胃腸が弱い僕は、体が冷える生野菜を食べるのは夏限定です）。塩とオリーブオイルのシンプルな味付けで、おいしく食べられます。

どうしても調理が面倒な人は、このように調理の必要がない、生でも食べられる食材を常備してはいかがでしょうか。

生野菜ではありませんが、「カット野菜」「冷えたさつまいも」「刺し身」など、少しだけ加工された食材もよく買っています。また、サバ缶などの缶詰も、保存期間が長いですし、常備しておくと便利です。手を加える必要なくそのまま食べられるという意味ではほとんど「生」ですね。

8 ミニマムライフコストがお金への安心感をもたらす

みなさんは月にどのくらいの支出があるかを細かく把握していますか？

実家暮らしだった頃の僕は無頓着だったので収入以上の支出をしてしまうことも珍しくありませんでした。

したがって、一人暮らしを始めてからかなり困りました。具体的には、支払いに間に合わなかったり、思いもよらない出費でメンタルが落ち込んだりしたのです。漫然とすませていたお金の管理を、否が応にも厳しくしなければならなくなったのです。

なぜ、お金の管理が難しいのか？

といっても、今でも完璧にお金の管理をすることは難しいです。

ただ、最低限の支出については把握しています。

きっかけはあるユーチューブ番組で「ミニマムライフコスト（最低限の支出）がわかっていれば、安心感が生まれる」という発言を聞いたからでした。そのときの僕はまったくお金の管理ができていなかったのでびっくりしたと同時に、「こんなことで安心感を覚えられるのか？」と疑心暗鬼でした。しかし、悩んでいてもらちがあかないと思い、渋々やってみることにしたのです。

ミニマムライフコストなんてすんなり把握できると思っていましたが、意外と困りました。理由は２つありました。

①自分にとって何が必要なのかを把握することが難しい。
②月によって変動幅が大きい支出があるので、正確なコストを出しづらい。

①に関連して、ずっと解約していなかったサブスクを洗い出すことから始めなければなりませんでした。②については、今月必要だった費用が翌月には必要なくなっているような費用があります。光熱費等に関しては季節によってどれくらい違いがある

かを知る必要がありました。

ミニマムライフコストで思考と行動が変わる

試行錯誤の末、一人暮らしを始めてから約3年、自分にとって必要なものや変動する範囲がわかってきたため、ようやく1カ月の支出額が固定できました。

完全な経費となるものは省いていますが、入れても大体15万円前後あれば最低限の暮らしはできる計算です。

細かく計算するようになってから、他の人と比較しやすくなり、「これは使いすぎだな」などと無駄な浪費に気づけるようになりました。すると自然と節約への意識が高まり、「今月はあと○○円しか使えないから、今週の食費は7000円に抑える必要があるな」などと具体的な数値で管理できるようになってきます。

ミニマムライフコストを可視化する最大の理由は、ここにあると思います。自分の収入に見合った支出をコントロールできるようになるのです。可視化していないときは、まったくお金の流れを追えていませんでしたが、今は無駄なお金に対する無駄な

僕の１カ月のミニマムライフコスト

家賃（水道代込）	¥30,600
食費	¥30,000 ～ 40,000
サプリ	¥13,000
光熱費	¥5,000 ～ 10,000
通信費	¥5,000
ジム	¥7,700
雑費	¥18,000
消耗品	¥3,000
サブスク	¥10,000
合計	¥122,300 ～ 137,300

ストレスや不安が薄まってきました。

僕の場合、食費を3万円以内に抑えられたことはとても大きな意義がありました。実家暮らしの頃は、親のつくってくれた食事とは別に、自分の好きな食材を別で購入することもありました。その感覚のまま一人暮らしをしたものですから、食費の占める割合がかなり高くなっていました。

しかし、今ではなるべく安いときにまとめ買いしたり、安くても味が極端に落ちないものを買ったり、その分、調味料だけはいいものを揃えるなど、臨機応変に買い物ができるようになりました。そんな思考や行動を取れるようになった自分に自己肯定感を覚えるものです。

ミニマムライフコストの求め方

かつての僕のように、一体全体どのくらいの支出があるかの見当がつかない人も多いと思いますので、最初の1カ月目はおおまかに決めてもいいでしょう。

ネットで調べると1人暮らしのおおよその固定費の例がいくらでも出てきます。それと照らしあわせてみて、大体このくらいじゃないかと予想を立てます。データが溜まってくると、「先月は◯◯くらいだったけど、今月は外食が増える予定だから食費は＋5000円くらいになるな」「夏と冬の光熱費は＋5000円かかるな」などとわかってきます。お金を可視化できると、仮にお金が足りない事態になりそうだったとしても、パニックにならなくなります。「仕事がなくなっても時給1000円のアルバイトで月150時間働けば生活できるな」と考えられるようになるからです。

お金に振り回されるのではなく、お金をコントロールしているという自覚が大きな自信にもなるので、少し大変かもしれませんが、ぜひ試してみてください。

9　持ち歩くモノを３つまでにする

僕はよく鍵をどこにしまったかを忘れます。たいていの場合、服のどこかしらのポケットに入れておくことが多いのですが、そこにないとめちゃくちゃ焦ります。

幸いにも鍵をなくしたことはないのですが、スマホを落としてなくしたことがあります。個人情報が記録されていない、メインスマホとデザリングしていたウーバーイーツ用のサブスマホだったからマシだったものの、メインで使っているスマホを落としていたらと思うとゾッとします（なくしたときは3日くらい引きずりました……。余談ですが、認知機能への負荷が軽減されるのか、プライベート用のスマホと仕事用のスマホを使い分けることで、頭の切り替えがスムーズになる感覚があります。個人的には高額なｉＰｈｏｎｅを1台を買うより、安いＡｎｄｒｏｉｄを何台か持つほうが好みです。なくしたときのショックが段違いですから）。

この事件があってからより厳選してモノを持ち歩くようになりました。

特に財布はスマホで代用できることが多いため、特別な用事がない限りは持ち歩かないようにしています。持ち歩くにしても最低限の支払いに必要な現金や、最小限のカード類だけにしています。近くに出かける際などは、使わないカード類は家に置いておきます。

ポイントカードは物理的なものではなく、アプリがあるのであればそれを代用します。なお、電子マネー支払い対応店であれば、電子マネー会社のポイントがつくので、僕は還元率が低い専用のポイントカードはあまり持たないようにしています。

実はたくさんある無駄な持ち物

このように過ごしていて気づくことがありました。これまで、いかに不必要なものを持ち歩きすぎていたことか、と。

たとえば、かつて僕はモバイルバッテリーを持ち歩いていました。ところが、スマホの充電が1日で切れることは、よほどのことがない限りありませんでした。たとえ充電が切れたとしても、チャージできる場所やコンビニなど、モバイルバッテリーのレンタルができることもあります。モバイルバッテリーをなくすリスクも考えると持ち歩かないに越したことはありません。

最初は持ち歩かないことに不安があるかもしれませんが、手放してみると、次第に持ち歩くことの億劫さに気づけるでしょう。

また、持ち物を少なくすると、注意を向ける対象が減るので、目の前のことに集中しやすくなるというメリットがあります。持ち物が多いと、「アレをなくしていないか」「コレを持ってきたっけ？」と一つひとつが気にかかって余計なストレスを抱えることになります。

できるだけ持ち歩くものは少なく、たとえば3つくらいに厳選すると、少なからず余計な心配や不安から解放されるでしょう。

第2章

自分を満たすと、人間関係がうまくいく

＊コミュニケーション

1 人生や人間関係で迷わないための価値観の見つけ方

境界知能の人のなかには、自分自身のことをよくわかっていない人が少なくありません。つまり、自分自身の価値観に気づいていないのです。

直接、境界知能の方の相談を聞くなかで、自分のことを客観的に把握している人が少ないと感じています。

◯価値観を知ると行動が変わる

たとえば、ある20代の女性は、仕事が続かない、みんながてきることが自分にはできないことに悩んでいました。一方、僕にとってその女性は海外で働いたり、留学したりと、めちゃくちゃ挑戦が好きな方だと見受けられました。しかし、本人にそんな自覚がなく、どうしても自分の仕事のできなさ加減にフォーカスして悩んでいるのです。僕が「その挑戦的なマインドがあなたの良さなんだと思いますよ」と伝えると、「え？　これが私の強み？」と不思議そうにしていました。

それから約３カ月後、今はフリーランスのウェブライターに挑戦するための情報収集をしているといいます。実際に、ライターとして活動したことのある友人に話を聞いたり、自分なりに調べているとのこと。僕と話すときも、フリーランスのなり方、ウェブライターとしての具体的な仕事のとり方など、本当に好奇心旺盛（おうせい）に質問してきます。彼女の良さは、好奇心を抱いたことに対して情熱を傾けて挑戦的に取り組めることなのです。

また、自分の価値観や強みを理解していないと、コミュニケーションの場においても不利にはたらきます。コミュニケーションの場では自分を打ち明けることや、価値の共有が大事だからです。自分のことを知らなければ、せっかく同じ価値観を持っているはずなのに、相手とすれ違ってしまうこともありますし、自己ＰＲができなければ会社に必要な人材とは思ってもらえません。

とはいえ、自分を知ることってとても難しいですよね。自分自身が一番長くつきあっているはずなのに、僕も日々、自分の新たな側面を発見します。僕は自分の価値観を知って、それを意識するようになってから人生が好転したように思います。

では、どのように自分の価値観を見つければいいのか。以下に僕のケースをまとめましたので、ぜひみなさんも今一度、これを参考に自分と向き合ってみてください。

自分が大切にしている2つのものを決める

自己分析の方法はたくさんあるので、どれを選ぶべきか迷う人もいるでしょう。僕が最近自分を知った方法でおすすめなのが、自分が大切にしていることを2つ決めるというものです。

僕は決められた時間に決められた場所で仕事をすることに強烈なストレスを感じます。一方、自分の裁量で時間や仕事を決められると、能力が発揮しやすくなります。また、みんながしているやり方を真似するよりも、自分なりに工夫して結果を出すことにやりがいを覚えます。

このことから、僕は自分の価値観として「自由」と「創造性」の2つを大切にしています。

「重要な仕事を任せてもらうとやる気が出る」「チームのなかで貢献することにやりがいを感じる」人もいるでしょう。この場合、「責任」「協調」などが当てはまるでしょうか。

「こんなことにやる気を感じるな」「モチベーションを覚えるな」「充実するな」ということがあれば、そういったことを羅列していくなかで、何に価値を覚えるのかがわかってくるはずです。

注意してほしいのは、価値観と目標・目的を混同しないことです。違いはゴールがあるかどうか。たとえば、「今年１００万円稼ぐ」という目標は、１００万円達成された時点で終わります。一方、価値観に終わりはありません。自由や創造性というのはどこまでいっても追求することができます。つまり、人生をかけて達成していく「あり方」を指します。価値観を定めるときは、この違いを意識してください。

ちなみに、なぜ価値観を２つに絞るのか、１つや３つじゃダメなのか、という疑問があるかと思います。

価値観を1つにしないほうがいい理由は、「価値観は変わるもの」という前提があるからです。価値観を1つと定めると、それがしっくりこないとき、また一から考えて、入れ替えるわけですが、変化が大きすぎます。まるで違った生き方、選択に舵（かじ）を切る可能性があり、リスクが高まります。

また、逆に価値観が多すぎると、ブレます。価値観同士がぶつかってしまい、行動の指針が定まりません。したがって、価値観はできるだけ2つに集約するべきなのです。

とりあえず、価値観は仮で決めていい

価値観を把握する際に大切なのは、最初は「仮」でいいということです。大切にしていると思っていたことが、実は他人からの押し付けによって形成されたものだったということもあるかもしれません。

先述したように、価値観は年を重ねるごとに変わる可能性もあります。今大切にしているものでも数年後にはまったく価値を感じなくなることもあります。

過去の僕は、学校では誰とでも仲良くしなくてはならないと思っていました。そう

した価値観は社会人になってからも残っていました。したがって、そのように振る舞えない自分に引け目を感じていました。それを少しこじらせて、まわりの人たちが雑談などのコミュニケーションを難なくとっている姿に、「なんであの人たちは楽しそうなんだろう」「どうせ裏があるに決まってる」「純粋に楽しんでいるわけではない」と、自分の心を納得させていました。

今思えば、これは自分の価値観をわかっていなかったゆえの誤解でした。人と仲良くなる力は、誰にとっても身につけて損はないものです。しかしコミュニケーション能力を絶対の価値観としていると、自分の価値観を見落としかねません。

今ではこれらのことが自分にとって苦手な分野だということがわかっているので、自分からその環境に飛び込むことは減りました。代わりに、自由な1人の時間を大切にしています。

価値観というと大層なものに思えるかもしれませんが、仮にでも決めることに価値があるのです。よりしっくりくる価値観を見つけたらとりあえずその価値観を大切に生きてみる。しっくりこなかったら、前の価値観に戻ればいいだけです。

過去に素直に向き合うと自分が大切にしていることが見えてくる

僕が大きく変わったと思えたきっかけは、20代半ばに、自己分析を徹底して行ったことでした。当時の僕は、正社員を続けながら、「このままでいいのか？」と自分の生き方に疑問を抱いていました。どのように生きるにせよ、まずは自分の「価値観」を深く掘り下げて明確にしたかったのです。

そこでベストセラー『世界一やさしい「やりたいこと」の見つけ方』（KADOKAWA）の著者である八木仁平さんの主催する自己理解プログラムを受けました。そして、自分が何に価値を感じて、過去どういったことが好きだったのか、仕事のなかで当たり前にやってしまうことは何かなどを思い出しながら、自分自身の棚卸しをしていきました。

そうした試行錯誤の末、自分の価値観を知ったとき、衝撃を受けました。

過去の僕の生き方は周囲に流されて、他人が喜ぶような選択を無意識にしていたことに気づいたのです。親に言われるままに地元の高校や専門学校に疑問を抱くことなく進学しました。そしてそんな自分が、自分なんだと思い込んでいたのです。

しかし過去を掘り下げていくと、僕は「自由」という価値観を大切にしていることがわかりました。何者にも縛られず、自分の裁量で人生を決めていくことが何よりも大切なことに気づいたのです。確かに、まわりからとやかく言われることをかなり嫌いましたし、会社のなかで与えられた仕事をすることにも窮屈さを感じていました。

こうして自分の価値観に気づいてから、フリーランスという働き方に惹かれることになりました。

今から約5年ほど前になりますが、その頃はブロガーやライターといった、文字を書いて生計を立てているフリーランスで活躍されている人を見て、「こんな働き方があるんだ」「これこそ自由なのでは？」と安易な考えでフリーランスを目指すことになります。

今でも完全に自由な生活かと言われるとそうではないのですが、少なくともサラリーマンの頃よりは自由な時間が増えました。サラリーマン時代、生きている心地がしなかったのは、自分の価値観とは相容れない世界にいたことが原因だったように思います。

自分を知ることは一朝一夕にとはいきませんが、今後の人生の充実度や幸福感に大きく関わってきます。そのため、時間をかけてでも自分を知ることはとても大切です。

○他人に流されないために

特に境界知能の人は、僕のように他人に流されやすい傾向にあります。

しかし価値観が定まっていれば、他人と必要以上に比べることは減りますし、うらやましいと思っても、「とはいえ、本当に自分にも必要なの？」と自分軸に戻ってこられます。

自分が得意としていることを自覚していれば、そうした能力を発揮できる仕事や分野を自ら見つけられるので、やりがいや満足感を感じられるでしょう。

深く自分の価値観を知りたい人におすすめなのが、先ほど紹介した八木仁平さんのユーチューブです。八木さんは自己理解の専門家ですが、有料級の無料情報を多く提供してくれています。興味がある人は覗(のぞ)いてみてください。

2 人生を充実させるために1人時間を大切にする

良好な人間関係を築くことが苦手で、孤立しがちな境界知能の人は多いと思います。しかし、孤独や孤立というとさみしい印象がありますが、１人で行動すること自体は自立ともいえ、次のようなメリットさえあります。

- ●まわりの目を気にしなくてすむ。
- ●時間に縛られずにすむ。
- ●自己成長につながりやすい。
- ●新たな発見をしやすい。

僕はよく１人でカラオケに行きます。好きな曲を好きなだけ歌えるのは、１人カラオケならではです。「発声のコツ」「高い音の出し方」「自分に合った曲」などを試しながら何時間でも歌えます。一方、複数人とカラオケに行くと、歌唱力への自信のなさから歌いたくても歌えない人もいるでしょう。

また、僕が20代前半のサラリーマンだった頃、今よりも健康志向だったので、昼間にラーメンやジャンキーなものを食べる周囲の人たちと一緒にランチに行くことが苦痛でした。

しかし、1人でおいしいお蕎麦(そば)屋さんに行くことがマイブームになってからは、昼食はもちろん、休日に遠出して食べに行くようになりました。1人の行動は、他人や何かに束縛されることなく、自分を満たせるのです。

客観的にはさみしそうに見えるかもしれませんが、気楽で充実していましたよ。

○まわりに人がいるほど孤独感が深まる

僕が特に孤独感を覚えていたのは、常にまわりに人がいた専門学校時代です。同じ高校から入ってきた人もいたため、物理的に孤独になることは避けられましたが、心理的な孤独感が大きかったことを思い出します。人は集団に入って居場所を見つけられないと、孤独を実感しやすくなるのだと考えます。また、人といると「どう話せばいいかな」「嫌われないかな」「この人混み苦手だな」などと、周囲の様子のほうに心が奪われてしまいます。

サラリーマン時代にも、プライベートで交流のある職場の人はいなかったので、孤独感を覚えていました。

今思い返してみると、この頃、孤独感は人との交流で埋められるものだと思っていました。

しかし、幼少期から思い出してみると、そもそも1人が好きな子どもでした。家で1人で庭の石を目掛けて野球のピッチャーの真似をしたり、駐車場の柱にサッカーボールを当てるという謎のゲームを開発していました。その一方、友だちと遊んでいるときは「早く家に帰りたい」という思いが先行して、目の前のことに集中できなかったことを思い出します。

今では1人でいることが多くなりましたが、孤独感が薄まっています。

1人でいると必要以上にまわりを気にする必要はありません。そのため、自分の内側に深く入りやすくなるのです。

とはいえ1人の時間を充実させるにはどうすればいいか困る人もいるでしょう。

具体的に僕が行っている1人時間の過ごし方は以下の通りです。

●筋トレ・散歩　●内省
●サウナ　●外食
●読書　●カラオケ
●動画観賞

これらの活動をしているときは、孤独を覚えずにすみます。人は暇になって何もしていないとネガティブな気持ちが襲ってくるものです。

1人行動を極めよう

コミュニケーションが苦手という人も、僕のように１人の時間を好んでいる人もいるはずです。幼い頃から「友だちがいなければならない」という刷り込みによって、いつの間にか自分の生き方や存在を否定してきた人もいると思うのです。

したがって、「他の人と同じように友だちをつくらなくては！」と考えているものの、それがうまくいかずに苦しんでいる人は、１８０度方向性を変えて、１人行動を極めることをまず目指してみてください。

１人で行きたかった洋服屋さんに行ってお気に入りのコーデをじっくりと考えるのも楽しいでしょうし、テレビで見た有名なラーメン店に行ってみるのも良い体験になるはずです。

何気にそんな経験が、他人といるときの良い会話のネタになることも多いものです。

最初はまわりの目が気になるかもしれませんが、「１人で自分を楽しませられる」というのは、日常を充実させるスキルといえます。

3 「しないことリスト」で人間関係と心が整う

「やることリスト」（いわゆるTODOリスト）をつくっている人も多いのではないでしょうか。やるべきことを忘れて失敗するリスクが減りますし、継続することで、リストに入っている項目を習慣化することができます。

しかし、「やることリスト」は、多くの場合「やりたくないリスト」と近いものとなりがちです。たとえば、ダイエットを始めた人が「やることリスト」に「毎朝1時間ジョギングをする」と入れるようなイメージです。やるべきことですが、本音ではやりたくないので、すぐに挫折（ざせつ）することになります。そうした経験を重ねると、自分の意志の弱さを実感し、自己肯定感が下がります。

そこでおすすめなのが、「しないことリスト」です。

やることリストとは反対に、人生において自分がしないことを決めておくリストです。しないことを決めておく利点は、「する」より「しない」ことのほうがハードルが低いことと、無駄なエネルギーを消費しにくくなることです。

以下に、僕の「しないことリスト」を挙げましょう。

●無駄な集まりには参加しない。
●やりたくないことは断る。
●自分がつらくなるほど自分を追い込まない。
●管理コストをかけない。
●現金をなるべく使わない。
●プライドにお金をかけない。
●自分を後回しにしない。
●嫌な気分になる情報は見ない。
●八方美人にならない。
●人と比べない。
●人にも自分にも期待しない。
●ひとつの収入源に頼らない。
●社交辞令はしない。

あらかじめ「しないことリスト」を決めておくことで、行動に迷いが起きにくくなります。

僕の「しないことリスト」は、今でこそ頭の中に保存されていますが、最初はスマホの壁紙に設定しておくこともありました。家の壁やトイレなどいつも目につくところに紙などに書いて貼っておくのも手でしょう。

「しないことリスト」を使用する際は、そのすべてのリストをまとめて意識しないことがポイントです。

たとえば僕の場合、どうしても会社の飲み会に参加しなければならないときは、スマホの壁紙を「社交辞令はしない」という文字だけに設定します。あるいはスマホのロック画面でもかまいません。僕は意識を向ける対象が多すぎると逆に何も選択しない選択を取ってしまうので、あえて1リストだけにしているのです。

飲み会が始まるまでのスキマ時間やトイレに行くタイミングなどで、スマホの画面に記された1つのリストを確認します。感覚的な話になってしまいますが、そうしたことを意識的に繰り返すと、リストの言葉が自分の一部となってきて、とくに意識せずとも、飲み会のコミュニケーションで社交辞令をしなくなります。

◯「しないことリスト」をつくるコツ

大切なことは、自分でコントロール可能な事柄だけをピックアップすることです。「他人」や「過去・未来」というのは直接的にコントロールできません。

たとえば、「しないことリスト」に「◯◯さんに対しては不満顔をしない」が入っていたとしましょう。しかし、相手の体調、気分、状況などによって、とらえられ方は変わるものです。極端な例ですが、相手に向けた笑顔が、嘲笑と解釈されるかもしれません。相手の体調や気分などをコントロールするのは難しいのです。

反対に、「意固地にならない」という自分に対する「しないことリスト」があれば、相手に誤解を与えたときに、素直に謝れるようになります。

人は誰でも、しないほうがいいとわかっていても、ふとしたきっかけで、してしまうことがあります。僕の経験上、気分や感情に圧倒されて、理性的な判断ができなくなるときに多いと感じています。しかし、「しないことリスト」として明記、そして意識しておけば、簡単に感情に引きずられることは減るはずです。

4 自分の取り扱い説明書をつくって周囲に説明しておく

境界知能の人は、僕のようにうつ病や発達障害を抱えている人が少なくありません。障害者雇用の面接の場では、自分の特性や障害について聞かれます。会社としては、どのようにサポートできるかを考えてくれているわけです。

僕が経験した障害者雇用の面接では、「理解するのが他の人より遅いことがある」ことをあらかじめ伝えました。

また、僕はずっと座っていると頭が朦朧（もうろう）としやすいということも伝えました、すると、「立って作業してもいいよ」と受け入れてもらえました。「こんな要望してもいいのかなあ」と不安に思っても、伝えるのはタダです。あまりに無謀なものでなければ、極力伝えるようにしましょう。

◯自己分析で自分の困りごとと対処法をまとめよう

今後、中長期にわたってつきあうことになりそうな人や、信頼できる相手には、境界知能という概念を知らない人も多いので、具体的にどのような困りごとがあるのかをピックアップし、自分の取り扱い説明書としてまとめておくといいでしょう。「説明書」だからといって、わざわざ紙にまとめる必要はありませんが、うまく伝える自信がない場合は特性や困りごとを書いた紙を用意して、相手と一緒に見ながら説明してもいいと思います。

たとえば、「早口で言われると理解が追いつかなくなる」「周囲に人がいると話に集中できなくなる」「一気に言われるとわからないが、一つひとつ確認してくれると理解がしやすい」など、どのような環境や状況だと困りごとが生まれやすいのか、そしてどうすればその困りごとを軽減できるのかまで伝えられればベストです。

これは日頃から自己分析をしていないと咄嗟（とっさ）に出てこないものです。困った場面、状況、環境などをメモしておいて、それに対してどのようにアプローチしたら問題が解決したり、有効だったかを覚えておいてください。

そして取り扱い説明書は、他人に伝えるためだけにつくるのではありません。自分が困りごとに直面したときに、自分で対処するためのマニュアルにもなります。

ちなみに、シチュエーションを面接の場に限定した場合、障害者雇用ではなく、一般枠だと、パーソナリティに関わるネガティブな情報を伝えるのは不利になりかねません。正直に伝える必要はないでしょう。採用されたあとに、伝えればいいのです。後出しすることに後ろめたさを感じるかもしれませんが、多かれ少なかれ、面接時では、ほとんどの人が自分を大きく見せたり、弱点を隠すものですので、気にする必要はありません。

採用されてから、お互いに快適に仕事ができるように、しっかりと上司や同僚に自分の取り扱い方を伝えてください。

5　オンラインでのコミュニケーション能力を磨こう！

境界知能の僕たちは、多くの人たちにとっては普通のことであっても、コミュニケーションが難しく、人との交流を望んでもうまくいかないことが多いものです。特に対面でのコミュニケーションが苦手なのです。

それでもやはり見えない糸であっても人や社会とつながりたいという気持ちが心の奥に潜んでいたのでしょう。僕はオフラインのコミュニケーションをしなくても人とつながれるユーチューブを始めたのです。オンラインも情報を双方向から発信できますが、僕からの一方通行の情報発信で完結させることも可能なので気が楽でした。

オフラインコミュニケーションのリハビリのために

とはいえ、何だかんだユーチューブのいいところは、コメントをもらえたり、ライブをすればリアルタイムで視聴者とコミュニケーションがとれるところ。ユーチューブを始めた当初は、何を話したらいいかわかりませんでしたが、何回か続けていくうちに、どのようにコミュニケーションをとればいいのか判断ができるようになってきました。それがリハビリになったのか、ユーチューブを始めてからオフラインでのコミュニケーションも多少マシになってきた気がします。

ユーチューブは発信者として情報提供ができるとともに、貴重なコミュニケーションの場ともなっているので、境界知能の僕にとっては、非常に価値を感じています。

無理にオフラインで居場所をつくらずとも、現代はオンラインで居場所をつくれる時代です。ユーチューブは自分の顔や声を出さずとも活動ができますが、それでも抵抗があるという人は、ブログなどからオンラインのコミュニケーションをとれる場をつくってみてはいかがでしょう（発信に抵抗がある人はオンラインサロンもおすすめ）。

オンラインでのコミュニケーション能力を磨くことで、僕は孤独感や空虚感を埋められました。

6
助けを求めている人がいたとき余裕があればサポートしよう

仕事が行き詰まっていたり、忙しいときこそ、他の人を手伝ったり、親切にすると、自分の仕事の効率も上がる……と言っても、ピンとくる人は少ないはずです。なんだ、自分が苦しいときこそ他人にやさしくすると、あとで見返りがくる、みたいなおとぎ話か、と。

これは僕の経験則なのですが、自分のなかではわりと理屈が通っている考えだと思っています。

他者を助けると、自己効力感や幸福感につながります。優先席付近で立っている高齢者に席を譲って感謝された経験をお持ちの方は多いはず。そんな日は１日、「いいことをしたな」と気分が良くなるものです。

そもそも親切心を発揮することは、良好な人間関係において欠かせません。むしろ相手からの見返りを求めず、そういうことができた自分がうれしいのです。それで心が満たされるのです。焦っているときや時間がないときに親切心を発揮するからこそ価値があるのです。

これは仕事にも応用ができます。仕事に行き詰まっているときに進んで他の人のサポートをしたことがあります。そのとき、逆に自分の仕事の効率が上がるという経験をしました。煮詰まったときは視野が狭くなり、新しいアイデアも浮かびにくくなりますが、相手から感謝されたり、「いいことをしたぞ」と思えると、心が少し軽くなるのです。本当に小さなこと、たとえばオフィスに落ちていたゴミを拾ったり、コピー機を使うときに誰かが出力した紙が残っていたら渡してあげるようなことでも、効果を感じられるはず。

もちろん、自己犠牲を払う過度なサポートは絶対に避けてほしいのですが、だまされたと思って、周囲のサポートを積極的にしてみてはいかがでしょうか。

第3章

失敗・先延ばし上等の自己管理術

＊計画・習慣

1 挫折や失敗が楽しくなる「失敗の日」をつくる

境界知能の人は、平均的なＩＱの人と比べて、計画を遂行する能力は低いのでしょうか？　仕事や学習において、同じ課題が出されたら、処理能力面の差が、結果に表れることはあるでしょう。

一方、処理能力ではなく意志力の差はあるのでしょうか？　たとえば、ダイエットや運動の継続などです。その答えはわかりませんが、少なくとも僕自身は意志力が強い人間ではないと自覚しています。これまでの人生でさまざまな計画、目標を立ててきましたがほとんどが継続することなく頓挫してきました。しかし、そうした失敗を糧に見いだした、僕なりの計画を遂行するためのコツを紹介します。

○「失敗の日」を用意する

あえて用意しておきたいのが失敗することを前提に設定する「失敗の日」です。この日に限っては失敗することを許すのです。

ダイエットのチートデイと同じです。週に1日だけ好きなものを好きなだけ食べたり、野菜や果物以外の糖質を解禁する日をつくることで、一時的にストレスを解放し、また明日からがんばろうと、気持ちを新たにできます。あるいは、「あと○日で失敗できるから今日はお菓子を我慢しよう！」というモチベーションも生みます。

もちろん、「失敗の日」だからといって、無理やり失敗する必要はありません。毎朝のジョギングを計画に入れているのであれば、「失敗の日」でも気分が乗っていれば走ればいいのです。「失敗の日」に、あえて勉強の予定を入れておき、実際に勉強をしたのであれば自分に自信がつきますし、勉強をしなかったとしても、失敗してもいい日なのだから、勉強をしなかったことへの後ろめたさはありません。

「失敗の日」があることで、日々に緊張と緩和が生まれます。緊張だけでは、いつか張り詰めた糸がプツンと切れるかもしれません。計画を遂行するには、メリハリが大事なのです。

計画はアバウトなほど、臨機応変にカスタマイズできる

もう1つ、具体的な日時を決めない計画の立て方も有効です。

要するに、「必ずこのタスクは週に2日、計4時間は行うようにしよう」というアバウトな計画です。

僕の場合は筋トレです。一応、決まった曜日、時間に行うことを意識しつつも、アバウトに週に2回、2時間~3時間ほどの筋トレをすればOKと考えています。

曜日や日時まで決めてしまうと、急に予定が入ったり、体調次第で筋トレができず、自己嫌悪に陥ることがありますが、日時を決めてなければ、他の時間で補えばいいという余裕が生まれます。

これは食費についても同じような考え方ができます。

僕は1日の食費を800円前後に抑えるようにしています。ミニマムライフコストの項目で先述したように(↓75ページ)、僕の食費の予算は3万円。800円で1日過ごすと1カ月間で2万4000円。差額は6000円になります。この6000

円という余白があることで1日あたりの予算が最悪200円オーバーしても問題ないというメンタルでいることができます。つまり、失敗のための余白があることで、切羽詰まった選択をすることも少なくなるというわけです。

実は、この方法をとるまでは必ず食費を3万円までに抑えなければいけないという義務感がありました。しかし、義務で固まった毎日はめちゃくちゃ窮屈でした。そこで、柔軟に対応できるようにしたのです。筋トレがある日はがっつり3食、筋トレがない日や体調が良くなかったり、活動量が少ない日は朝食を抜いたり、プロテインなどで済ませることも。また、1カ月単位で考えずに3カ月や半年間など中長期視点で見ると、たとえ1カ月の食費が予算よりオーバーしてしまっても、調整すればいいやという気持ちになります。

以上のように、完璧にこなすことを目指すのではなく、あえて失敗するための日をもうけることと、目標を曖昧（あいまい）にすることで、モチベーションを上げ、失敗したときの罪悪感を軽減させるのが、僕のような凡人にはちょうどいいようです。

2 「記録」で先延ばしを解消する

程度の差こそあれ、多くの人が先延ばし癖に悩んでいるはずです。僕は小学生のときは夏休みの宿題を計画的にできず、最終日に毎回苦しむタイプでした。社会人になってウェブライターをしていた頃は、納期に間に合わず迷惑をかけてしまうこともありました。

先延ばしをした一瞬は気持ちが楽になりますが、結局はそのタスクが頭に残って他のことに集中できなかったり、不安感に襲われます。

先延ばしをしてしまう理由は「他のことで忙しい」とか「面倒くさい」などいくつかあるでしょうが、僕はそのなかの1つとして、「成長をすぐに実感できないから」という理由に気づいたことで、先延ばしを少し軽減できました。

たとえば、筋トレは1回や2回のトレーニングですぐに肉体に変化が出るわけでは

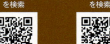

ありません。膨大な夏休みの宿題も、一部を終わらせたところで前に進んでいる実感は薄いでしょう。

つまり、今の自分がいくらがんばったところで、成長を感じにくいから、先延ばしをしてしまうということです。

ではどうするか。

それは、ほんの少しの成長も記録として残しておくことです。

僕は筋トレを始めてから何度も挫折しています。面倒だなと思うたびに、やらない理由を探していました。当初、ジムでは軽々と重い重量を上げている人を横目にしては何度も自信を失いました。僕はガリガリで体力も筋力もなく、すぐに疲れてしまうので、みじめな気持ちになり、いたたまれなくなったのです。

しかし去年の秋口から今まで週2回の筋トレを継続できています。なぜなら、前回の自分より少しでも成長していることが実感できるようになったからです。ただ、これは自分の頭のなかで記憶しておくのではなく、しっかりとノートなどに記録として可視化するようになって得られた効果です。

そして今では当初より2倍以上のボリュームの筋トレをこなせるようになりました。そこまでモチベーションを保てたのは、毎回、重量や回数、種目などを記録して、ほんの1ミリでも成長を実感できたからだと思います。

そして、記録することで、他者ではなく過去の自分と比べるように意識が向きます。今ではまわりがどれだけ重い重量を上げているか、どんな激しいトレーニングをしているかというのは、さほど気にならなくなりました。このような副次的な効果も期待できるので、記録しない手はありません。

たった5分の勉強や運動でも必ず「セーブ」

ゲームにはセーブ機能がついていますよね。

最初から2時間くらいプレイして、1ステージクリアの段階でセーブしたとします。すると次回プレイする際も、モチベーションを落とさずに続けられます。しかし、もしセーブされておらず、また最初から始めなければならなかったとしたら、プレイする意欲は多少なりとも落ちてしまうはずです。

すなわち、このセーブ機能は成長を実感させてくれるものであり、記録することのメリットを教えてくれます。

したがって、もしあなたが、資格の勉強をしたいと思っているのであれば、毎日何分勉強したか、どのくらい点数が上がったのかなどを記録しておきましょう。忙しくても、会社での休憩時間にしたたった5分の勉強でも記録しておくのです。

真面目な人ほど、まとまった時間でなければ勉強時間としてカウントしないかもしれませんが、0と1の差はめちゃくちゃ大きいので細かいことでも記録してください。ゲームで例えるなら、RPGでたった10分プレイして敵を2、3体倒すだけでも経験値が上がり、次のレベルまで近づきます。

セーブしなければ、その経験値もなかったものと一緒、むしろ時間の無駄にしかなりません。

◯記録すればするほど、やめられなくなる

また記録するメリットは他にもあります。

それは「これだけやってきたんだから今更やめるわけにはいかない」という意識が芽生えるということです。

記録することが面倒だと考えている人もいるでしょう。

最初は僕も記録しても何も変わらないでしょ、くらいに思っていましたが、その効力は筋トレの例からもわかるように、とても大きいものでした。

最初は面倒かもしれませんが、記録が溜まっていくたびに成長を実感できますし、自信にもつながります。

僕は紙に記録することをおすすめしたいのですが、筋トレや食事であれば、簡単に記録できる便利なスマホアプリがたくさんあります。また、スマホのメモ機能で簡単にメモをしておき、まとまった時間ができたときにノートに移し替えるといった使い方もできます。音声入力に抵抗がない人は、それでもよいでしょう。

いかに記録というめんどうな作業を習慣化できるかが鍵になります。

3 ゲームを日常に応用せよ

みなさんはＲＰＧゲームをプレイしたことがあるでしょうか。僕はポケットモンスターやドラゴンクエストといった名タイトルにハマっていました。やったことがなくてもなんとなく内容はわかるという人も多いと思います。僕は小さい頃、暇があればゲームをしていました。ゲームにはやる気を継続させる秘訣（ひけつ）が詰まっています。

ゲームにハマる要素として、「セーブ機能がある」「ガイドがある」「損失がある」といったことが挙げられます。これらを自分の日常に落とし込むことで、自分が主人公、主役として、前向きに日々の課題や困難を攻略できるのです。

「セーブ」については、すでに前節でその有用性を述べました。

「ガイドがある」というのは進むべき方向を指し示してくれる機能のことです。キャラクターの言葉から次に何をすればいいのかわかることもあれば、要（かなめ）となる人物やモノなどに目印があり、そこに行くと展開が進むというものなどです。

「損失がある」というのは戦闘で負けた場合などに所持品やゲーム内のお金が一部失われたり、場合によっては全部なくなってしまったり、何かに失敗したときに損失を被る要素のことです。

セーブ機能がなければ、1日でゲームを終わらせるような義務が発生したり、ガイドがなければ序盤でやる気を失ってしまうし、損失がなければ達成感を得られないでしょう。以下、「ガイドがある」「損失がある」について詳しく見ていきましょう。

ガイド＝目標・目的

ガイドは目標や目的と言えるでしょう。旅行で例えるなら、旅をしながら行き先を決めるより、事前に行き先を決めて計画したほうが充実度は上がると思うんですね。

僕もこの本を執筆している今、1週間に執筆する文字量を1万文字と決めてやっています。そうすると、1日あたりに執筆する量は約1500文字程度となります。集中しやすい午前中に1000文字書いて、午後は500文字書けばいいなど、自分に無理のない目標を立てることで、あと少しで達成できるという充実感を感じやすくなります。仮に「1週間にできるだけ多く書く」などといった抽象的な目標にしていたら、具体的な行動に落とし込めずやる気が落ちるでしょう。ここぞという仕事や活動などに対しては具体的な数字で管理したり、進捗のわかりやすい目的や目標を持ったほうがやる気が継続するのです。

そして、継続させるためには、もう1つ重要な要素があります。それは「楽しむこと」を意識すること。苦行は続きません。RPGの主人公になったつもりで、ぶち当たる難関を自分を試すミッションだと思って取り組めたら最高ですね。

損失がある＝損失回避

挑戦には失敗がつきものです。ゲームでも敵に負けたり、物語を進めるうえで誤った選択をするなど損失があります。人は痛みや苦しみによって成長します。つまり、損失がなければ成長もないわけです。また、損失の可能性があるということは、これまで積み上げてきたものを守ろうという意識を自然と高めてくれます。

現実世界に応用するなら、「○○ができなかったら1日ゲーム禁止」などの罰則を与えることや、信頼できる人に「できなかったらバツとして○○して」などと頼むこともできそうです。

他にもゲーム上では希少性のあるモンスターがいたり、敵を倒すことで称号が得られたりもします。ウーバーイーツにはクエストと呼ばれるインセンティブが存在しますが、これも「称号」といえるかもしれません（2024年9月現在）。普通に配達して得られる報酬とは別に、たとえば10件配達したら1000円の報酬がもらえたりします。このようなゲーム性があることにより、「あと○件で○円もらえるからそれまでがんばろう」と行動のモチベーションになります。

なぜゲームが人を夢中にさせるのかと考えてみることで、現実世界で応用できることが多くあることに気づきます。つまり、自分が楽しもうとすれば楽しくなるということです。ゲームの要素を日常に取り入れてみると、困難や苦悩にも楽しみを見いだせるようになるかもしれません。

4 「先延ばし」で悪習慣を断ち切ろう

先延ばしの原因は人それぞれですし、記録しても改善がみられない人もいることでしょう。しかし、実は先延ばしを逆手にとると、悪習慣を断ち切るチャンスを得られる場合があります。

たとえば、ジャンクフードを食べることをやめたいという人がいるとします。わかっていてもやめられない状況は当人にとってかなりストレスです。そこで、「ジャンクフードを食べたい！」と思っている自分に気づいた段階で、「あと10分したら食べよう」と先延ばしを活用するのです。

人の欲望や衝動というのは、時間が解決してくれることが多いものです。僕も、めちゃくちゃお菓子を食べたいときに、「いや、あと5分したら食べよう」と思い直し、5分が経過するとあら不思議、お菓子を食べたい欲求がどこかに消えていることがよくあります。

そして、この「あと10分」「あと5分」の間に何もしないで欲求や衝動を過ぎ去るのを待つよりも、SNSを見続けたり、読書などの気晴らしになることをすると効果的です。

僕の場合は、よく外に出て10分だけ歩くという行動をします。環境や状況が変わると思考や感情も変化しやすいからです。このような意識をそらすための手札をいくつか準備しておきたいものです。

境界知能の人は記憶を保持して扱う力が弱いと言われています。おそらく、認知機能の弱さやワーキングメモリの低さからです。つまり忘れやすいということ。一見忘れやすいことはデメリットに思いますが、上手に先延ばしを利用すれば、悪習慣を断つことができるのです。

「鶏は三歩歩くと忘れる」と言いますが、僕も恥ずかしいことに5秒前に考えていたことを5秒後に忘れるということが日常生活においてよくあります。

5 「先延ばし」で負の感情を断ち切ろう

他にも先延ばしを有効活用する方法があります。

それは、「思考や感情にとらわれる時間」を決めておくというものです。

たとえば、日中に仕事で失敗をしてしまい、後悔の念が止まらなかったとします。

しかし、終業まで時間があるので、いつまでも後悔していては仕事に身が入らないし、次のミスの原因につながりかねません。そこで、19時に退社できるとしたら、そこから30分はいくらでも後悔してもいい時間にしようと決めておくのです。すると、少しは目の前の仕事に集中できるようになります。

◯悪い個性も使いよう

この方法はさまざまなシーンで応用が効きます。

たとえば、ずっと悩んでいるのに答えが出ない課題があるとき、友だちに裏切られて怒りが止まらないときなど、長い時間苦しんでいる場合です。そんなときには、思いっきり悩む時間や、怒り狂う時間を少し後に用意しておくのです。すると、「あとで思いっきり悩んだり、怒ったりできるんだから、今は他のことにエネルギーを注ごう」と気持ちを切り替えられます。

しかも、設定した時間になったらまったく悩まなくなっていたなんてこともあるのです。

僕もよく「あとで悩もう」「帰宅したら怒ろう」と思っても、その時間になったら意外と落ち着いているのです。

先延ばしを直さなくてはならない悪しき癖と悩む境界知能の人もいると思いますが、良い悪いは別として、それも個性なので、どうせなら上手に利用したいものです。

6 悪習慣を代替行動で上書きする

先延ばしをすることで、やめたいことをやめられる可能性があるとお伝えしました。その他にも悪習慣をやめる方法があります。それは、代わりの行動を事前に考えておくというものです。

僕は、２０２２年の下半期から体調や精神面が崩れて、過食気味になっていました。夜寝る直前までジャンクフードを食べたり、お菓子を食べてしまい、翌朝体調が悪くなるというループに陥っていたのです。

そんな生活が続くと、１日の大半を無駄に過ごす日々になっていきます。今思い返すと、セルフネグレクトだったと客観的に見られますが、当時はそのような自覚はほとんどありませんでした。徐々に思考や感情もネガティブなものになっていき、「こんなことしても楽しくないからやめとこ」「今の自分には無理だな」と自己肯定感（チャレンジ精神）も下がっていきます。

しかし現在は、ジャンクフードを食べる代わりの行動を取り入れたことで、運動の後などに意図的に食べる場合を除いて、ほとんど口にしないまでになりました。その結果、体調や精神状態を崩す機会が圧倒的に減りました。

代替の行動を用意しよう

悪習慣に一度はまると、なかなか抜け出せないので、悪習慣にはまりそうだなと思ったときはすみやかに手を打つ必要があります。

僕が打った手は、ジャンクフードやお菓子を食べそうになったら、果物を食べるようにすると事前に決めておいたことです。

お菓子やジャンクフードには依存性があるため、食べれば食べるほどやめられなくなります。本当かどうかはよくわかりませんが、栄養素が乏しくいくら食べても満足しないからという説がまことしやかに言われているようです。

それはさておき、果物であれば栄養が豊富に含まれていますし、満足感があります。

いきなりすべてを果物に代えることは難しかったのですが、最初は「果物を1個食べたら、あとは好きなお菓子を食べていい」と、完璧を目指すのではなく、1割でも良い習慣になったらいいよね、くらいのスタンスで臨みました。すると徐々に果物の割合が増えていき、果物だけで満足できるようになってきたのです。

ちなみに果物はバナナやキウイフルーツ、リンゴなどを取り入れていました。特にバナナはスーパーなどの特売日に一房１００円程度で売られていることも多く、1本あたり30円ほどとかなりコスパに優れています。果物は野菜に比べて割高ですが、丸々1個を1日で食べるというより、半分に割って2日分にしたりします。また、小さなお皿に山盛りに見えるように盛りつけると、見た目から満足感も得られやすいです。

他の悪習慣でも同様の方法で断ち切ることができます。

たとえば、ネットに触れる時間を減らしたいと考えているのであれば、ネットに触りたくなったら、その場で運動をしたり、とりあえず本を手に取るなどの代替行動をするのです。

◯いきなりではなく、徐々に

悪習慣になりがちなものは、短時間で大量の興奮を味わえるものが多いので、代替の行動をしても、最初は禁断症状が出たり、元の悪習慣に引き戻されやすいはずです。

しかし、僕がジャンクフードを食べる量を少しずつ減らしていったときのように、ほんのわずかでも変化をもたらそうという意識が大切です。1日7時間ネットに触れていたのだとしたら、最初はそのうちの30分だけ他のことに時間を使おうという具合に、徐々に低刺激の代替行動に慣らしていきます。

すると徐々に代替行動のほうが自分の人生にとって有意義だということを脳が認識してくれるのか、努力と思わずとも自然と行動習慣が変わっていきます。

「いきなりではなく、徐々に」がキーワードです。

7 設定する目標は、自力でコントロールできるものにする

目標設定は、必ず他力ではなく、自力でコントロールできる内容であることが大切です。

ユーチューブで例えるなら、「登録者を１週間で10人増やす」ではなく、「毎週２本動画をあげる」のような目標の立て方です。自力ではコントロールできない目標を設定してしまうと、達成できないとなった段階で、モチベーションがかなり落ちてしまいます。

サラリーマンとして働いている場合も同様です。

会社の売上を上げるという目標は、社員１人の努力で達成できるものではありません。個人の売上も同様で、相手が買ってくれなければ、契約してくれなければ売上は上がりません。相手をコントロールするのには限界があります。

僕がサラリーマンだった頃にしていた目標設定は「1日10件は電話をかける」というものでした。

売上や契約数を目標にすると、達成できそうもないと思った時点でやる気を失ってしまい、落ち込みます。

しかし、10件の電話という目標であれば、自分次第で達成できます。仮にそれが契約につながらなかったとしても、「やることはやった」と、少しは自分を納得させられます。

また、契約をとれるまでひたすら電話となると、他の仕事の進行に支障が出てしまいますが、つながりやすい昼休みに5件、仕事が終わる17時以降に5件、それ以外の時間帯は他の仕事といったように自分でメリハリある予定を組むことができます。

組織に属しているといろいろと制約が多いと思いますが、このように自力でコントロールできる目標や、その日の精神状態や体調などで目標設定を柔軟に変えるということを意識してみてください。

8 モチベーションを保つコツは「やりきらない」

モチベーションを常に高く保っている人を見ると、「自分もああいうふうになりたいな」と思うはずです。しかし、行きすぎると燃え尽きてしまうことも。

常に全力で行うことが美徳のように感じますし、僕もサラリーマン1年目だったときは、勤務時間中は全力で働かなければいけないし、そうであるべきだと思っていました。しかし、働き始めてわかったことですが、ほとんどの人はメリハリをつけて仕事をしていました。

僕が営業をしていた頃、先輩の営業先に同行したことがあります。移動時の車のなかでは営業先の話はほとんど出ませんでしたし、営業先でも雑談のなかで、本題の時間が少しあったという感じでした。

障害者雇用でライターとして雇われていた頃は、とても静かなオフィスでしたが、周囲の人たちは常にパソコンの前に張り付いているわけではなく、お菓子を食べに移動したり、10～15分の仮眠を取り入れたり、こまめに休憩していました。

しかし、僕はメリハリをつけるのが下手で、「全力でやらなければならない」の1択が基本でした。これだと、がんばり屋さんみたいな印象を持つかもしれませんが、実際はほめられた姿勢ではありません。なぜなら、全力を出し続けていたら、当然のことながら遅かれ早かれモチベーションが追いつかなくなり、生産性をガクッと落としてしまうわけですから。それでも、試行錯誤を繰り返すにつれて、自分なりにメリハリをつけるための2つのテクニックを身につけました。

①仕事が乗ってきたところであえて休憩をとる

仕事が順調に進んでいるとき、たいていの人は休憩をとろうとは思いません。休憩をとることで、順調なペースが途切れてしまう気がするからです。

しかし僕の場合は、順調に進んでいるときほど注意が必要でした。最初から全力で突っ走るとすぐに息切れするのと同様、想定していたよりもはるか前にペースを落としてしまいます。最後までやりきったとしても、もはや次のタスクへ取りかかるモチベーションは皆無です。

したがって、あえて「調子が乗っているな」というときや、「あと少しがんばれば終わりそう」という中途半端なところで区切りをつけることにしました。

文章を書いているとするなら、１項目分を書き切るのではなく、締めの文章に取りかかる前に、いったん休憩するのです。せっかくもうすぐ終わるのにもったいない、と思う向きもあるかもしれませんが、そういう仕事は休憩後でも取りかかりやすいので心配はいりません。そして、休憩によってモチベーションの急降下も防げるのです。

②タスクを細かく分解する

たとえば、「料理しよう」と思いたったときに、買い出しから、料理をお皿に盛り付けるまで一気にやろうとするとゴールが遠くてモチベーションが落ちがちです。

そこで細かなタスクに分解します。料理だったら、つくりたいメニューを決める、必要な食材を用意する、食材を切る、調理する、お皿に盛り付ける……などです。

大きなタスクを目の前にすると、圧倒されて体が動かなくなりますが、ハードルの低い細かなタスクが並んでいるのであれば、やる気が出ますし、タスクをこなすごとに小さな達成感を覚えられます。

最近ではやる気は行動によってしか生まれないということが定説になりつつあるようです。つまり、やる気が出るまで待つというのは遠回りになるということ。しかし、いきなり行動しろといっても脳は言うことを聞きません。脳が抵抗を感じなくなるくらい具体的かつ、行動可能になるくらいタスクを細かくする必要があるのです。

僕の体験からも、皿洗いをする気がまったくなかったけど、「1皿だけ洗ってみよう」と行動するうちに、気づいたら全部洗い終えて他の家事までやっていた、なんてことも少なくありません。

もちろん、どうしてもやる気がでないときもあります。そんなときは無理に行動せず、「やろうかな」くらいの気持ちになってきたタイミングで動くとうまくいきます。

いずれにせよ、行動せずに「よし！　やったるぞ！」とやる気MAXになるまで待つというのは、期待しすぎのように思います。

9 運動を習慣にし、悩みを吹き飛ばす

ベストセラー『脳を鍛えるには運動しかない！　最新科学でわかった脳細胞の増やし方』（ジョン・J・レイティ、エリック・ヘイガーマン著、NHK出版）は、運動をすることで脳がどのくらい鍛えられるかを、データを用いて具体的に解説している本です。

運動がなぜ効果的なのかといえば、「認知機能」と「感情の調整」に大きな役割を果たすからです。その2つは、まさに境界知能の人が苦手といわれるもの。つまり運動することとは、僕たちの生きづらさの大半を解決する可能性があるのです。

しかし、生活に運動を取り入れろと言われても、ハードルが高いと感じる人がいるのも事実でしょう。

僕も、約5年前にうつ病と診断されて間もない頃は、ベッドの上からほとんど動かずに、まったく外出しない日が続くことがありました。体が重く、やる気も湧かず、

お風呂にも入りませんでした。

しかし、今ではほぼ毎日朝の散歩を30分程度、1回あたり1時間ほどの筋トレを週に2回継続できています。当初は、5分歩くだけで疲れ果てるほど、体力がありませんでした。ジム通いも続かず、これまで2回解約しています。

もともと小児喘息(ぜんそく)持ちだったこともあり、運動に苦手意識がありました。実際、学生時代の体力測定のシャトルランでは、毎回5番目以内には脱落していました。

そんな僕が運動をするきっかけとなったのは、20代半ばの頃です。もともと体力がなかったのですが、年齢を重ねるにつれて疲れやすくなってきて、このまま何もしなければ寝たきりになってしまうのではないかという危機感を覚えました。そして冒頭で紹介した本に出会い、運動のメリットを知っていくなかで、徐々に運動への意欲が高まったのです。

◯ 一歩目のハードルを低く、運動までの準備は最短距離に

僕がどうやって運動を習慣化したかといえば、一歩目のハードルを小さくしたこと

にあります。最初からがっつり筋トレをしようと意気込むと、自分が期待した成果と現実の成果がかけ離れすぎてモチベーションが湧かなくなります。そのため、まずは日常のなかでの運動量を増やすことを意識しました。

たとえば、駅ではエレベーターやエスカレーターではなく階段を使うとか、あえて目的の駅の一駅前で降りて歩くなどです。

サラリーマンをしていた頃は、片道30分ほどかけて職場まで自転車で通ったり、昼休憩で外にランチに行くときは遠くの店に行くことを意識していました。仕事に拘束されている間はほとんど座っていましたので、スキマ時間を利用して運動量をかせいでいたのです。

僕は現在、バイクでウーバーイーツの配達をしていますが、始めた当初は自転車を使っていました。63ページで説明したように、お金を稼ぐことの「ついで」に、運動ができると思ったわけです。30分間自転車をこぐだけでも相当な運動量になります。運動を目的とするとやる気がでなくても、別の行動に紐づけることで、「運動＝つらいもの」という意識が薄れ、習慣化しやすくなるでしょう。

運動までに最短距離の準備をするのもおすすめです。朝の散歩を習慣化したいのなら、スポーツウェアを着て寝るとか、運動靴をあらかじめ玄関の履きやすい位置に置くなどです。現在僕が通っているジムは、徒歩5分程度で行ける距離ですし、前日にある程度準備をしておくことで取り掛かるハードルを低くしています。

人は取り掛かるまでの準備に時間が掛かるほど意欲が下がるので、こうした小さな工夫が大事なのです。

やる気が起きなくても、1分運動するだけで気持ちが変わる

とはいえ、どうしてもモチベーションが湧かなかったりやる気にならないことがあります。このときに大切なのは、無理にでもやることです。

僕の経験則ですが、気分が落ち込んでいるときでも運動をすれば不思議と心が晴れることが多いものです。それに気づいてからは、むしろ「感情や思考がネガティブな状態だからこそ運動する」という考えにシフトしました。

A型作業所に通っていた頃は、電車で一駅だったので、30分かけて自転車で通勤

しました。当時はうつ症状が酷かったのですが、有酸素運動をすると気分が晴れやかになり、意欲的に作業に取り組めました。また、作業所内では、座らずに立って作業をしました。座っていると血流の流れが悪くなるのか鬱々としてくるので、立ったほうが気分がいくらかマシだったのです。

過度に疲れていたり、寝不足のとき運動するとストレスになることもあるのですが、少しがんばればできる程度のことであれば、たった1分の運動だとしても心のポジティブな変化を味わえます。

もちろん、うつや何らかの事情で動けない状態のときに無理に動くことはより悪化させてしまう可能性もあります。回復に徹しましょう。

◯脳トレより筋トレ

認知機能を鍛えるためには脳トレも1つの手段ですが、僕は今のところ運動が一番効果的だと実感しています。運動には脳を鍛えることの他にも、ストレスを軽減してくれたり、ボディイメージを向上させてくれるので、自分に自信がつきます。

僕は筋トレを始める前は身長184センチ、体重61キロ、BMI値が18・02とガリガリでした。しかし、筋トレを始めてから約2カ月で約10キロの増量に成功し、BMIを標準値まで上げることができました。何をしても太れないと悩んでいたのですが、食事や筋トレで大きく変われたことで自信がつきました。今は増量よりも健康を目的に筋トレをしているため、体重は67キロ前後に落ち着いています。

最初は大変かと思いますが、習慣化できれば、やらないことにストレスや罪悪感を覚えるようになります。そうなればこっちのものです。まずは日常のなかに無理なくできる運動を取り込むことを意識してみてください。その積み重ねが長期間に渡るほど、運動の恩恵が受けられます。

第4章

「普通の人」には理解できない能力の磨き方

＊学習

1 スマホを取り出せなくして誘惑に打ち勝つ

仕事や勉強の途中でも、ついついスマホを触ってしまう人は多いでしょう。僕はひどいときは、1日中ベッドに横たわってスマホを触る日もありました。スマホ依存です。今でも完全には治っていないのですが、少なくとも当時よりはスマホを触る時間が減りました。

◯スマホを使う目的を明確にする

僕がスマホを触らなくなった大きな要因は2つあります。

1つ目は、スマホを使う目的を明確にしたことです。

目的もなくスマホを触ると、ネットサーフィンやゲームに時間を費やしてしまいますが、目的が「ユーチューブのネタになりそうな境界知能の人に役立つ情報を探す」

と定まっていれば、その目的を達成した時点で終止符を打てます。

スーパーでの買い物を例にすると腑に落ちるでしょう。何をつくるかが明確になっていないときは、「いや、この食べ物は今の気分じゃないな」「これは先週食べたからな」と無駄な思考が働いて優柔不断になり、時間を浪費してしまいます。

しかし、スーパーに行く前に「今日はミートソーススパゲティをつくろう」と決めておけば、他の食材に目移りしそうになっても本来の目的に戻ってくることができます。サラリーマンであれば、「今週、会社のプレゼンがあるから、電車に乗っている間はスマホでプレゼン資料のつくり方をざっくり調べよう」など、目的を明確にすると、SNSやゲームに目移りしにくくなり、無駄に触る時間を減らせます。

◯スマホを視界に入れるな

しかし、目的を定めてからスマホを見るのは面倒だという反論もあるでしょう。そもそも、衝動的にスマホを触ってしまう場面のほうが多いのですから。

そこで2つ目におすすめする方法が「スマホを視界に入れない」という荒療治です。

家にお菓子があると食べてしまうように、人間は視界に入った情報から欲望を増幅させるものです。

目の前に自分の大好きなお菓子を差し出されてそれを我慢して食べないようにコントロールできる人はどれくらいいるでしょうか。僕なら食べたい欲が勝ってしまい、食べてから後悔することでしょう。スマホも同様、簡単に快楽が得られるコンテンツが目の前にあったら手を差し出すのが人の性（さが）ではないでしょうか。

南京錠式のタイマー。

したがって、スマホを触りたくないときは、視界に入れないことが最も効果的なのです。

僕の場合、集中したいときはスマホを玄関の靴箱に入れます。リビングから玄関までの数歩の距離、そして目の前にないことが、スマホへの誘惑を断ち切り、やるべきことに戻してくれます。

YouTubeが見たくても見られないように、パソコンが入るケースと
南京錠式タイマーのセットを使っている。

それでもどうしても誘惑に耐えられずに触ってしまう人は、スマホを取り出せなくする南京錠式のタイマーを使ってみてはいかがでしょうか。百均に売っている容れ物にスマホを入れ、南京錠のタイマーをセットすれば、設定した時間が来るまで取り出せないケースの完成です。もっと本格的なものが欲しいという人は、スマホがちょうど入るようなロッキングタイマー付きのケースも売っています。

僕も南京錠式のタイマーを使っています。以前、小型のケースを使っていたのですが、僕の場合パソコンでユーチューブを見てしまうことが多かったため、パソコンも入る大きめのケースにしました。

僕が使っているものはアマゾンでセットで売っていた2000円程度のものです。南京錠単体であれば、もう少し安く手に入るでしょう。パソコンやスマホはもちろん、このケースの中に入る大きさで、誘惑を絶ちたいものを何でも入れられます。ちなみに、ケースを破壊して中のものを取り出すことは可能です。しかし、あくまで緊急事態のときだけにしてくださいね。


スマホ画面のカラフルさが触りたいという欲求を刺激するという情報を見たことがあります。アプリのアイコンは、触りたくなるようにデザインされているのです。そこで、画面をグレースケールにしている人もいるそうで、なるほどと思いました。確かに、ユーチューブを白黒動画にして見ると、かなりつまらなく思えるから不思議です。

スマホによって無駄にしてしまった時間を価値あることに費やせたら、間違いなく人生が豊かになるはずです。日常生活に支障が出ているという人はぜひ試してみてください。

2 「環境調整」でできなかったことができるようになる

「環境調整」という言葉があります。聞き慣れないかもしれませんが、読んで字のごとく、困りごとや悩みを遠ざけるために、環境を整えることです。個人の能力を最大化させるために行います。

僕が実際に行っている環境調整の例は、次のようなものです。

●耳栓を使って仕事をする。
●リーディングトラッカー（↓154ページ）を使って本を読む。
●最新の家電で家事の労力を減らす。

僕の場合、感覚過敏があり（特に聴覚）物音に敏感に反応します。そのためイヤホンや耳栓をせずに生活をすると、隣人の生活音でかなり消耗します。したがって、ほとんどの時間をイヤホンをして生活しています。集中力の持続時間が伸びますし、何より無駄なストレスを抱えません。

このように、自分の資質や能力に応じて、まずは周辺を整えることが大切です。職場が変わったら能力を発揮できるようになったという人や、住む場所によって年収が変わるという話も聞きます。人は外的な要因によって能力を発揮できなかったり、あるいは最大限発揮できる可能性があるということです。

環境調整で衝動を抑えよう

環境調整は困りごとをなくすためだけではなく、続けたい習慣を挫折させないためにも使えます。138ページにも記しましたが、翌朝の運動や散歩を習慣化するために、玄関に運動靴を用意してから寝るなどして、実際に取り掛かるまでの時間を極力少なくするのも環境調整といえます。

逆にやめたい習慣がある場合は、その習慣にとりかかるまで時間がかかるようにしたり、距離を置くように環境調整してみてください。

●寝る前のスマホをやめたい：寝る1時間前に玄関の靴箱にスマホをしまう。
●お菓子の暴食をやめたい：家にお菓子を置かない、目に見えないところにしまう、毎回お皿に食べる量だけを分ける。
●無駄遣いをやめたい：給料が入った時点で貯蓄用の口座に4分の1を移す、最低限の現金しか持ち歩かない、クレカを持たずに出かける。

やめたい習慣をすぐにできないように環境調整をすると、衝動的な行動が軽減するはずです。

自分の資質や能力というのは、環境や状況によって発揮されていないことが往々にしてあります。真面目な人だと、「自分の能力が低いからなのではないか」「意志が弱いからでは？」と自己否定に陥ることもあるでしょう。しかし、環境や状況を整えたらあっさりと解決することも。ぜひ試してみてください。

3 何がわからないかがわからないときの対処法

境界知能の人の悩みを聞いていると、「理解力が弱くて困っている」という声がよくあがります。

- 仕事：上司の指示が理解できず、ミスを連発する。
- 学校：自分なりに工夫しても授業についていけない。
- 生活：資料が正確に読めず、必要な手続きが完了しない。
- 問題解決：本質に気づけず、対症療法になりがち。

◯受け身ではなく、自分から聞く

僕もフリーランスのウェブライターとして活動していた頃、クライアントの要望に応えるのに苦労しました。検索キーワードで上位に表示される記事をつくらなければならないのですが、そのためのテクニックや専門的なスキルが必要でした。クライアントによっては厳密なマニュアルが用意されています。それらを自分なりに理解して書き上げても、膨大な修正を入れられました。特に納期が短いと理解が追いつかず、大きなストレスを抱えながら執筆していたのです。

振り返ってみると、クライアントの意向を誤って解釈していた大きな理由は「受け身」だったからではないかと思います。わからないことや、疑問に思ったことがあっても、クライアントに質問をすることなく作業を進めていたのです。

今になって思うのは「能動」の重要性です。

「この部分はこういう理解で合っていますか？」とか、「この専門用語の意味がよくわからないのですが、教えていただけますか？」という姿勢で向き合えば、大きな齟齬を生むことはなかったでしょう。

◯「わからない」ことをどう相手に伝えるか

僕も含め境界知能の人は、「わからないこと」をどのように相手に伝えればいいかが「わからない」ことがよくあります。すぐに言語化して聞けないのです。「質問の仕方」を考えているうちに、どんどん会話が進み、さらにわからなくなるというジレンマに陥ります。

こうした経験をするうちに、僕はわからない部分があったときは、「なんか、ここわからないんですけど」「モヤモヤする感じがして」などと自分がわかっていないことを意思表示することにしました。

なぜなら、相手や一緒にいる他の人が代わりに言語化してくれるケースが多いことに気づいたからです。「ここがわからないの？」「噛み砕いて説明すると……」など、わからない自分に気づいてくれて、理解できていない点を理解できるまで説明してくれるやさしい人が思いのほかたくさんいます。

みなさん、僕がわからない部分を分解し、順を追って説明してくれます。自分のなかのモヤモヤが、「こういうことだ」と納得感のある理解に変化するのです。相手次第というところはありますが、わかったふりをしたり、わからないまま黙って聞くのではなく、とにかく「わからない」と意思表示することが大切です。

オンラインでも、「わからない」と言っている人たちに対して、理解を促すコメントや、親切な人の返信を見かけます。

たとえば、専門的なニュース記事に対して、「何がすごいかわからないから、誰かドラゴンボールに例えて」という書き込みへ「ヤムチャが悟空を倒してしまうようなものだ」みたいな返信があります。こんなやりとりでも、質問者のモヤモヤがある程度スッキリして、取り付く島のなかったニュース内容の輪郭がおぼろげながら見えたりするものです。

いずれにしても、自分から聞くことや、「わからない」という意思表示を正直にすることは、仕事の意欲をアピールしたり、相手への関心を伝えられます。ぜひ取り入れてみてください。

4 リーディングトラッカーで文字情報の吸収力が数段アップ！

読書が苦手な境界知能の人も多いはず。僕も活字が苦手で、ここのところ動画ばかり見て、読書量が減っていました。

ただ、1冊の本をじっくり読むことは苦手ですが、自分の興味のある項目を目次から検索してそこだけ読んだり、太字・マーカーの部分だけ読むことでもまったく読まないよりはかなり大きな恩恵を受けている実感があります。

読書の最大の利点は何人もの人生のメンターを持てることだと思います。本には自分の人生では体験しえないことが語られているため、思ってもみない方向からインスピレーションを得ることができます。ごくたまにあるめちゃくちゃ自分と相性のいい、自分が抱える問題に答えてくれるような本に出会ったときは、著者の言葉がすんなりと頭に入ってきます。

たとえばその一冊が、「まえがき」で紹介した、『ケーキの切れない非行少年たち』で、専門家である著者の言語化に、「そうそう！　これが言いたかった」と膝を打ったものです。

中学校時代に、僕と同じくらいの成績の同級生がいたのですが、ある塾の講師と出会ったことで飛躍的に成績が伸びたといいます。やはり、メンターの助言によって、人は大きく変わることができます。

リアルにメンターをつけるとしたらかなりの費用がかかるでしょうが、これ以上の自己投資はあるのか⁉　と思えるほどに読書は自分にとってのメンターと出会えるかなりコスパのよい趣味と言えます。

◯読書をしても集中できない原因とは？

そんな読書によるメリットは理解し、読もうという意欲はあるものの、何だか集中できないという経験をした人は多いはずです（本書を読んでいるときではないことを願います……）。

それが頻繁だとしたら、もしかしたら視覚機能に異常があるのかもしれません。視覚機能とは視覚から入る情報を正確にとらえる機能のことです。視力は問題がなくても、視覚機能に問題があると、本を読んでいるときに数行先を同時に読んでしまい、理解が困難になることもあります。

こうした場合に有効なのがリーディングトラッカーと呼ばれる、視覚機能を補助してくれる道具です。これを使うと、今読んでいる行の文字以外の情報が入りにくくなるので、読書に集中しやすくなります。

僕も使ったことがありますが、入ってくる情報が少なくなるだけで、こんなにも脳内が整理されるのだとたいへん驚きました。定規を兼ねたリーディングトラッカーを置いている百均チェーンもあるそうです。気軽に試してみてください。

それは視覚機能の乱れかも？

僕が学生の頃、先生が書いた黒板の文字をノートに写すときに、異常に時間がかかっていました。今思い返すと、これも視覚機能の乱れからきていたのかもしれません。

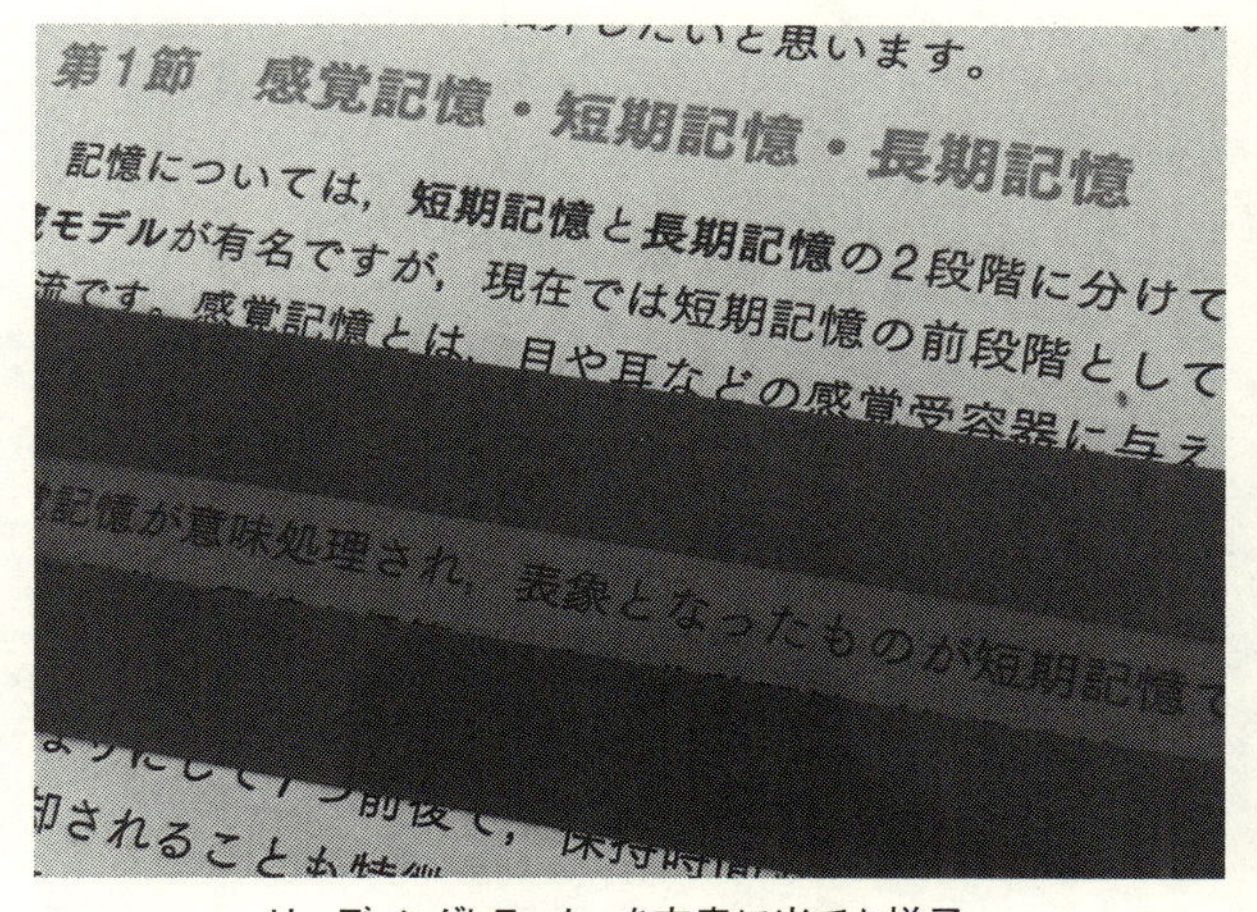

リーディングトラッカーを文章に当てた様子。
視点が１つの行に定まり、文章が頭に入りやすくなる。

このように日常生活でも困難を覚える人は、視覚機能を矯正してくれるメガネを使う手もあります。物理的な意味で、正しく物事を見られるようになると、認知機能の負荷が減り疲れやすさも軽減するようです。

ただ、普通のメガネと比べて高価で、視能訓練士と呼ばれる国家資格を有した人がいるところでないとつくることができないようなので、簡単に購入できるものではありません。

まずはリーディングトラッカーを試してみて、効果を感じられるようなら、購入を検討してもいいかもしれません。

目に異常があるなどと考えもしていなかったのですが、視覚機能という概念を知り、矯正することでかなりマシになるという情報に触れたことで、僕もいずれこのメガネを購入してみたいと考えています。

ちなみに、視覚だけではなく、聴覚からのインプットもおすすめです。スマホには音声を自動で読み上げてくれるアプリが存在します。このアプリを使って電子書籍などを自動で読み上げてもらうと、視覚と同時に聴覚からもインプットされるので、学習効率が上がります。

聴覚からの補助のおかげで、行から視線が外れることなく文字で追えるようになります。無料で使えるので、視覚だけに頼っても集中できないという人はぜひ試してみてください。

5 動画は倍速ではなくスロー再生に

皆さんは動画を何倍速で見ていますか？　若い世代の人のなかには、映画やドラマでさえ2倍速や3倍速で見る人もいるようです。娯楽が選び放題なうえに、タイムパフォーマンスを気にして少しでも多くの情報を詰め込みたいという欲求があるのでしょう。

しかし、こと境界知能の人にとって、等倍速以上の速度で動画を見ることはおすすめしません。なぜなら、情報量が多すぎて頭が追いつかなくなるからです。いくら大量に動画を見ても、自分のなかにインプットできていなければ、ほとんど意味がありません。毎月10冊の本を読んでいる人でも、本の内容を覚えていなかったり、日常生活に活かせていないならば、読書という行為が無意味になるどころか、時間の無駄です。楽しむために、学ぶために見たり、読んだりするのに、それでは本末転倒です。

学習にとって重要なことは、時間がかかっても、自分なりに腑に落とすことであると思っています。

そこで僕が動画を見るときにしているのが、倍速や等倍速にするのではなく、その逆、スロー再生です。ユーチューブでは、0・25倍〜2倍速を選択できます。動画の内容や人によってベストな再生速度は違うと思いますが、僕は0・75倍速で流すと理解しやすく感じています。おそらく、聞きながら、情報を整理する時間が生まれるからだと思います。

境界知能の人は、「普通の人」に追いつこうとすればするほど、あせり、スピードを求めてしまいます。しかし、自分の能力に見合わないことをすると、せっかくの学習が無駄になります。反対に、ギアを1段階、2段階と思い切って落とすことで、見えづらかったものが見えたり、考える余裕が生まれるものです。

もし、まわりのスピードについていくことに大変な思いをしているのであれば、あえて立ち止まり、物事に丁寧に接してみたり、ゆっくりした時間を楽しむことを意識してください。

6 「わからないこと」に直面したときの対処法

理解できないことがあったとき、そこに執着しすぎると悪循環に陥ります。

学校のテストや入試対策などで、「わからない問題は後に回せ」と言われたことがあるはずです。テストは制限時間が設けられているので、わからない問題に時間をかけすぎると解ける問題すら手をつけられなくなるからです。

しかし、テストではそれができても、日常生活ではできないという人は少なくないでしょう。わからないことを放っておくと、あとで不便なことが起こる可能性を考えるからです。しかし、わからない問題や課題はわからないままにしたほうが、安易に答えを求めるより、意外とリスク回避になるのではないかとも感じています。

たとえば、「自分の将来のキャリア」。じっくりと自己分析や業界研究などをしなければなりません。しかし、それを怠ってすぐに結果を求めたことで、不本意な仕事に就いてしまい、取り返しがつかない状況になる可能性も。

　また、僕がサラリーマンだった頃、顧客データを管理するソフトが使いにくく不満が溜まっていましたが、こうした問題は個人で解決できる問題の範疇（はんちゅう）を超えています。自分で解決しようとしても、徒労に終わるはずです。

　あるいは、よく「人脈を広げろ」と漠然としたことをいわれますが、自分の将来の方向性が定まっていないまま人脈を広げても余計なつきあいが増えたり、自分の時間がなくなりストレスになることも。そうであれば、人脈をつくらなかったほうが良い結果になることもあるでしょう。

　こうした解決までに多少猶予がある課題だけではありません。職場や学校、日常生活におけるちょっとした疑問についても、あまり執着しすぎないほうがいいでしょう。というのも、どこかのタイミングで理解を促すキッカケを得られる可能性があるからです。特に境界知能の人は、その場でわからなくても家に帰って落ち着くと腑に落ちた、ということも少なくありません。かくいう僕も、ぼーっとしているときに、理解できなかったことが、ふと腹落ちしたという経験が何度もあります。周囲に人がいたり、騒がしい状況では深い思考ができなかったものの、自宅で1人なったことで、それができたということかもしれません。

結局、わからないことに執着しすぎる姿勢は、主に時間などのリソースを無駄に消費してしまいますし、わからない自分に劣等感を覚えることにもなります。

◯わからなくても、できることからとりあえずやってみる

しかし、今すぐに理解しなければいけない課題も多いはず。そんなときは、わからないままでも、とりあえずやってみるということが大切だと考えます。

僕がユーチューブを始めたとき、企画や撮影、編集など、さまざまなわからないことに直面しました。どこから手を付けていいのかさっぱりわかりません。そのたびにあきらめそうになりましたが、他の人のユーチューブや、視聴者の反応を参考にして改善を繰り返してきました。

一気にすべて解決しようとするのではなく、大きな問題については後回しにしても、一つひとつ小さな問題解決を積み重ねていくことが大切です。すると、だんだん理解

が深まり、問題の全体像が見えてきて、そこから解決の糸口が見えてくるものです。

わからないことは居心地が悪いと思いますが、「よりよいことに気づく準備期間」などと認識を変更することで、モヤモヤに対してポジティブに向き合えます。

わからないことが認知できていることが前提となりますが、このような体験を積み上げていくと、わからなくても「まあいずれわかるだろう」というメンタルになり、必要以上に気に病まなくなってきます。

「わかったつもり」も要注意

「わからない」こともモヤモヤしますが、だからといって「わかったつもり」でいることは、特にコミュニケーションの場においては危険です。

境界知能の人は非言語コミュニケーションが苦手です。相手の表情や声色、身振り手振りなどの意図をつかみづらいのです。極端な例ですが、同じ「バカ」「アホ」という言葉でも、それが親しみが込められたものか、軽蔑(けいべつ)しているものか、判断がつきづらいということです。したがって、僕は「あの言葉の意味は何なんだ?」とか、「あの行動はどういう意図があったのだろう？」と、疑問に思ったことをネットで調べることがあります。そうすることで、客観的な意見や論理的に説明されている情報を見たとき、わからなかったことがわかったり、わかったつもりでいた自分に気づいたりします。

最近、女性の心理について調べました。「ＬＩＮＥの返信の速度によって恋愛対象かどうかがわかるのか」という問いです。結論はごく平凡な「人による」ということでした。たとえ恋愛対象として意識している相手だったとして、ＬＩＮＥが苦手だったり、直接会うことに重きを置いている人であれば、何日か空けて返信することもあるでしょうし、恋愛対象に入っていなくても「暇だから」という理由で即レスする人もいるわけです。

まかり間違って「わかったつもり」になってしまったら、この事例の場合、僕が好意を持たれていると勘違いすることで、相手に負担をかけたり、自分自身を傷つける行動をとってしまうわけです。相手の言動や感情でモヤモヤすることがあったときは、とりあえず僕のようにネットで調べてみることをおすすめします。

7 視覚・聴覚・体感覚…得意な学習タイプを知って効率化をはかろう

視覚・聴覚・触覚・嗅覚・味覚……、みなさんは、自分がどの感覚を使うと最も効率よく学習できるか知っているでしょうか？

僕はつい最近まで、自分が理解しやすい感覚を把握していませんでした。一般的には視覚から理解する人が多いようです。視覚が優れているなら、動画や画像、文字などからイメージして理解する、聴覚が優れているならオーディオブックを利用してみるなど、自分の得意な感覚がわかると学習効率が上がるはずです。

僕の場合、聴覚から理解することは苦手で、その次に苦手なのが視覚です。一方、最も得意なのが体感覚だと自覚しました。体で覚えることができるのが得意なタイプということです。

たとえば、初めての仕事をするとき、視覚や聴覚が優位の人であれば、どのように取り組んでいけばいいか、イメージしやすいと思います。一方、僕のような体感覚優位の場合、抽象的な思考が苦手でなかなか理解が追いつかず、実際に体験してみてようやく腑に落ちるという感じです。

僕の主観ですが、境界知能の人は、この体感覚からの理解を得意とする人が少なくありません。だから、視覚や聴覚から理解しなければならないという思い込みによって、実体験によって理解がはかどるという自分の特性を見落としている可能性があると思うのです。そうだとすると、視覚や聴覚によって理解できなかったことで、実体験の前にあっさりあきらめてしまい、せっかくの理解の機会を失うことになってしまいます。

◯行動に移して、初めてわかることがある

最近、僕が実体験を通して理解したことは、ガスでの調理です。電気よりもガスのほうが料理をおいしくできるということを聞いたものの、本当にそこまで変わるのか？　と考えてしまい、行動に移せませんでした。

しかし、転機が訪れます。あるときＩＨが故障して使えなくなったのです。ＩＨを修理してそのまま使うという選択肢もありましたが、いい機会だと思いガスコンロを購入しました。ガスコンロでの調理は想像以上に楽しいものでした。火力の調整がしやすく、食材への火の通り方がいい感じになるのか、ＩＨで料理していたときよりも2割増しくらいにおいしく感じました。

このように体感覚優位の人は、実際の体験を通すことで物事の仕組みや理屈が腑に落ちやすくなります。

自分の過去を振り返ってみて、自分が何かを理解したときの状況を分析してみてください。学習をするうえで、自分が得意とする感覚が見えてくるはずです。

多くの感覚を駆使して学習効率を上げよう

とはいえ、自分が得意とする感覚がなかなかわからない、という人もいるかと思います。そうした人に試していただきたいのが、複数の感覚を組み合わせた学習の効率化です。

Zoomでの打ち合わせの様子。字幕が出るように設定すると、
リアルタイムで話していることが画面下に表示される。
かなり理解の助けになる。

僕はよく、動画を見るときに字幕を活用することがあります。動画は文字と比べて視覚や画面の動きからより多くの情報を得られるため、効率的な学習が可能です。さらに字幕機能を用いることで、より脳内に情報をより残しておきやすくなります。Ｚｏｏｍで打ち合わせをするときは、相手の話していることをリアルタイムで字幕にする「リアルタイム文字起こし機能」を使うこともあります。相手の表情と声、そして文字から情報を得られるので、理解の助けになります。

また、本を読むときには小さく音読することもおすすめです。声を出せる状況や環境であるときに限りますが、音読することで聴覚を刺激し、インプットしやすくなるからです。

他にも、運動をしながら、立ちながらの学習も効率が上がると言われています。僕も、一時スタンディングデスクを使い、立ちながら仕事をしたり、読書をしていたことがあります。脳の働きが活性化されるのか、思考が深まったり、情報の整理が格段にやりやすかった覚えがあります。

ずっと立っているのは疲れますので、1日の間で10分だけとか時間を決めて、運動をしながら学習することを取り入れてみるのも面白いものです。

このように、学習をしたり情報を得るときには、1つの感覚だけでなく、複数の感覚を組み合わせることを意識すると理解が促進されます。得意な感覚を使ってもイマイチ理解できないという人は、ぜひ試してみてください。

8 理解力の低さを長所と考える

「理解力がない」

直接まわりからそう言われなくとも、自覚している人もいるでしょう。

僕も、理解力が低いことに引け目を感じることがありますが、深刻に考える機会は減りました。理解力が低いことにもメリットがあると知ったからです。その理由を４つお伝えします。

理解力が低いほうが伸びる――理由①

僕が尊敬している格闘ゲーマーでプロｅスポーツチーム「DONUTS VARREL」所属のマゴさんが、次のような発言をしていました。

「要領が良くてすぐにうまくなるやつは、天井が低い。対して、要領が悪くすぐに結果が出ないやつは、天井が高い」

簡単に言えば、理解力が高い人よりも低い人のほうが伸びしろがあるということです。

子役で大活躍していたものの、大人になってからめっきり見なくなった人もいれば、芸能活動を10年以上続けてからブレイクし、今も活躍し続ける人も多く存在します。こうした例から個人的に思うのは、試行錯誤の回数の多さが、長年活躍する人の特徴なのではないかという仮説です。反対に、理解力が高くて要領よくこなせる人は、自分の能力に甘えてしまい、自分の能力を高めることをしないため成長が止まってしまうのではないか、と。

人の痛みや気持ちが理解できる——理由②

理解力が低いことで、社会的に立場が弱い人の気持ちが理解しやすくなります。矛盾した一文に思えるかもしれませんが、要するに仕事ができない人を見ても、「俺もああいうことあるな」「気持ちわかるな」と共感できるのです。また、他人の障害や病気に対しても、その困難さのうちのわずかでも、理解できるような気がするのです。

これから「共感力」を求められる時代になると思いますので、強みとして発揮できる可能性があります。

まわりから期待されない——理由③

理解力が弱いと、残酷なことかもしれませんが、まわりから期待されません。でも、期待されないってすごいメリットになりうるんですよね。

普段できないと思われている人が、たまたま得意な仕事を任されて結果を出したりすると、「あいつ意外とやるな」と思ってもらえます。学校では目立たない陰キャが全校生徒の前で歌を披露したら、うますぎて大絶賛されたという動画を見たことがあります。あんなふうに、普段目立たない人や才覚のかけらもないと思われている人が、得意分野や好きなことで成果を出すと、まわりからの見る目が変わるのです。

怖そうな不良がたまに見せる優しさとのギャップに萌(も)えるとかもそうかもしれません。

親しみを抱いてもらえる――理由④

そもそも、自分の理解力の低さを、あえてさらけ出してみてはいかがでしょうか。相手が自分の弱みをさらけ出してくれると、受け手は「親しみやすさ」を感じるものだからです。知ったかぶりしない人、カッコつけない人として、好印象を抱かれるのです。

僕から見ても、元からできる完璧な人よりも、欠点があるけれど一生懸命に生きている人のほうが愛(いと)おしく思えます。他の人より理解力が弱いことに気づいてもらえれば、自然と助けてくれる人も増えます。

以上のように、自分の理解力の低さが何かしらメリットにつながっており、それが自分を好きになるきっかけにもなります。

◯同じ悩みを持つ者同士だからできる共感

特に理由②については、僕個人にとってはとても重要でした。

僕はサラリーマン時代、さまざまな困難を経験しています。「仕事ができない」というのは最たる例です。

新人のときにコピー機の使い方がわからずもたもたしていて、上司から叱責されました。半年間設計業務を行っていたときも、ＣＡＤというソフトの使い方がいっこうに覚えられず、毎日のように社長に詰められていました。

しかし、こうした経験をしたからこそ、仕事ができない人の気持ちが痛いほどわかるのです。仕事ができる人になりたいと今でも思いつつも、仕事ができない側の気持ちがわかるのは逆に強みなのではないかとも思います。

僕が某メディアに出演したとき、批判的な意見をもらう一方で、当事者からは「よく出演してくれました」「僕も境界知能です。なんばさんの活躍を見て僕もがんばろうと思えました」などというコメントを数多くいただきました。ずっと日の目を見ないで生きてきたものですから、僕のほうこそ、境界知能の生きづらさに共感してもらえることがとても励みになりました。

こうして自分の生きづらさに共感されると、社会のなかでの心理的安全性が高まり、

「どんな自分でも存在していい」という土台が自分のなかに生まれました。

　僕が主に共感力を活かす場面は、境界知能に関する相談事にのっているときです。始めて間もない頃は、アドバイスを中心にしていたのですが、回数を重ねるうちに、自分の気持ちに共感してほしい人が多いことに気づきました。

　そのため、まずはアドバイスや否定から入るのではなく、肯定や傾聴から入るようにしたのです。アドバイスをする際は、主語を「あなたは」ではなく、「僕は」にすることで相談者の生き方を否定しないことを意識しています。できない側だからこそ共感できる言葉がふと出たりするものです。たとえ、心から共感することは難しくても、「共感する姿勢」を持つことも大事なのだろうなとも思います。

　僕の場合、ひねくれているので、できる人に共感を示してもらっても、「どうせ心から思ってないんでしょ」と受け入れられないことがあります。同じような生きづらさを抱えている者同士だからこそ、上辺だけではない信頼関係を築けるのだと思います。

9 一般論を信じるな

「〇〇歳までに結婚したほうがいい」「〇〇代のうちにやっておくべきこと」などの一般論の顔を装った情報は、プレッシャーとなって人を苦しめることがあります。

30歳までに結婚しなければいけないと信じた人は、20代後半になると焦ることでしょう。「20代のうちにやっておくべきこと」というインフルエンサーの情報を見た30歳の人は、できていないことに劣等感を覚えます。

それらは別に知る必要もなかった「一般論」なのに、知ってしまったがゆえに苦しんでいるわけです。

だから僕は、こうした一般論に出会ったとき、「自分に合うか合わないか」「苦しいと感じるか、感じないか」といった基準を用いて取捨選択します。当然、「自分に合わない」「苦しくなる」情報は極力スルーしています。「知ったことか」「余計なお世話だ」と。確かに、受け入れることが必要な情報もあるとは思いますが、今の自分が受け取るには重すぎる情報もあるのです。そういう情報は、受け入れられる度量が備わったときに受け入れればいいのです。

そもそも多様な生き方が肯定されようとしている時代に一般論を常識として押し付けてくる人のほうが非常識です。それぞれの価値観があるのですから、他人に迷惑をかけないかぎりは、自分の信じたいものを信じればいいと思っています。

◯半分賛成で半分反対な一般論

たとえば、世間でよく言われている一般論に、「20代のうちは自己投資にお金をかけろ」というものがあります。

30代に入るまでにスキルを磨いて、市場価値を高めておけば、安定したキャリアを築きやすいという考えからです。この考え方には半分賛成で、半分反対です。

僕は20代の頃にプログラミングスクールに通って、プログラミングの知識を身につけました。30代になった今、プログラミングの知識は役に立っている部分もあります。

しかし、現在はＡＩの発達によってノーコードで簡単にウェブサイトを制作できます。求められるスキルが頻繁に入れ替わる現代では、自己投資先を間違えると無駄になることも考えられます。

○僕が結婚したくない理由

ちなみに僕は、自分の場合は結婚をしないほうが幸せになれると考えています。なぜなら、１人の時間が持てなくなるという懸念があったり、パートナーが仮に子どもを欲しいと言っても、ちゃんと面倒を見る自信がないからです。

僕は10歳のときに、両親が離婚しました。父親が酒好きで、帰ってくるのはいつも深夜。母親は日中、仕事に出かけていて、家にはいつも僕と姉の２人。両親と触れ合った時間は、他の家庭と比べて少なかったはずです。

父親の暴力で母親が泣いている姿を見たときは、子どもながらに心が苦しかったことを思い出します。

子どもにそのようなトラウマとなる経験をさせる可能性がわずかでもあるのであれ

ば、やはり僕は子どもを育てたいとは思いません。

ともあれ、僕の親には親なりの僕が知り得なかった事情があったと思うので、批難しているわけではありません。むしろ感謝しています。特に母親は僕が10歳から28歳までの間、ほぼ1人で育ててくれましたから。


一般的に言われていることも自分にとっては必要なかったり、的はずれなこともあります。

もちろん、そうした情報、考え方自体を知っておくことは問題ないでしょうが、過度に気にして振り回されることによって、本来の自分らしい生き方を見誤ったら大変です。

SNSやニュース番組等でいかにも常識として言われていることも、自分にとっての常識となるかどうかを、まずは疑ってみることからはじめてみましょう。

第5章

ノイズを消し、思い込みを壊す方法

＊メンタルヘルス

1 皿洗いは最高のマインドフルネス

皿洗いが面倒な僕は、1年ほど食洗機を使っていたものの、故障して排水ができなくなったことをきっかけに手放すことにしました。そして手洗いに戻ったのですが、大きな気づきがありました。それは、皿洗いは究極の〝1人時間〟になるということです。やや無理やり言い換えると、皿洗いは究極の「マインドフルネス」になるのです。

マインドフルネスとは、未来や過去ではなく「今」に集中すること。呼吸法と瞑想(めいそう)を組み合わせた方法がスタンダードです。しかし、僕は一定時間(10分程度)静かに座って瞑想するのは耐えられませんでした。妙な焦りや違和感を覚えて落ち着かなくなるからです。また、1日の中であえて瞑想の時間を設けてルーチン化するのも負担に感じるし、やる気にならなかったりします。

しかし、僕は「何かをしているついでに瞑想をする」という方法に出会いました。「ついで」の効用については、63ページ以下でお伝えしましたね。

それを応用したのが皿洗いをしながらの瞑想でした。毎日していることに紐づけたほうが習慣化しやすいと思ったのです。漫然と皿洗いをしていても意味がありません。具体的には、次のようなことに意識を集中させせました。

●温度：「生ぬるい感じだな」「これは20度くらいだな」「夏よりもキンキンだな」
●感触：「なんかむずがゆいな」「指が押しつぶされるな」「水が軟らかく感じるな」
●音：「シンクに当たって高い音がするな」「蛇口がキュルキュル鳴っているな」

途中、翌日のことを考えて不安になったら、水温に意識を戻す。今日した失敗を考えだしたら、手の感覚に意識を戻す。このように、意識がそれたら、目の前のことに意識を戻すのです。

こうした反復を繰り返したことで、仕事にも好影響が出ることを思いがけず実感しています。

以前は感情や思考に飲まれて目的と違うことをすることが頻繁にありましたが、今ではめっきり減りました。仕事中に別のことをしたくなったり、全然関係ないことを考え出すことは誰にでもあることでしょうが、そのたびにわりと早く意識を元に戻しやすくなったのです。

また、僕は皿洗いでしたが、他にもお風呂掃除などの習慣的で面倒な家事を瞑想と組み合わせることで、掃除そのものへの拒絶感が薄まるはずです。僕も皿洗いをしながら集中していくと、始める前の面倒くさいなあという感情はどこかに行くことも多いのです。

このように瞑想の効果は大きいのですが、短期的に得られるものではないので、地道に継続しなければなりません。

しかし、気分が乗らなかったり、嫌なことがあってどうしても集中できない日も出てくるはずです。そんなとき、僕は無理に瞑想しようとはしません。義務化したとたんに、心の負担になりますから。ただ、気が向いたときに1分でもいいのでやるように心がけています。

2 やりたいことは無理にでも日常に組み込む

境界知能の人は日常にストレスが多いため、やりたいことをやる発想に至らない人もいるでしょう。

「やりたいことなんだし、費用などの問題がなければ、勝手にやればいいじゃないか」と思うのが普通でしょうが、仕事などに追われていると、「やりたくないことばかりやらなければならない」という逆転現象が起きてしまうのです。

◯自分が自分でなくなる前に

僕がサラリーマンの頃には特に、日々の仕事で精いっぱいで自分のやりたいことを考える余裕がありませんでした。しかし今になって、忙しいときこそ時間を確保してやりたいことに触れる時間を設けるべきだったと思います。

音楽が好きだった僕は、小さい頃から従兄弟と流行りの歌を面白おかしくアレンジして歌ったり、小学校の催し物で友だちと歌ったりしていました。高校時代には好きなアーティストのライブに数十回行き、充実した時間を過ごしました。しかし、時間が経つにつれて音楽から離れ、やりたいことに時間を割く余裕もなくなり、日常に張り合いがなくなっていったのです。

このままでは自分が自分でなくなる、そう考えた僕は徐々に好きなことをする時間をつくりました。

最初は休みの日に好きな音楽を車で流しながらドライブをしたり、ギター演奏の動画を見たりして「やはり音楽が好きなんだ」という感情とともに、「楽しめている」自分を徐々に取り戻すようになったのです。

◯やりたいことをやることが、やりたくないことをやるモチベーションになる

今では仕事の時間をコントロールできるようになり、以前よりかなり音楽に触れる時間が増えました。カラオケに行ったり、ＡＩを使って作曲も趣味で始めました。昔、

作詞作曲に興味が湧いたことがありますが、スキルの問題で挫折してしまいました。しかし、ＡＩを使えば、やりたくてもできなかったことが簡単に実現できることも増えています。

やりたいことをすることは、本業にも良い影響を与えると感じています。日々忙しくても、やりたいことを取り入れることで活力が湧くからです。

あなたのやる気やモチベーションが湧かない理由の１つに、「やりたいことをしていないから」という原因があるのかもしれません。もし、今までやりたかったことや手を出せていなかったことがあったら、少しずつ日常に取り入れてみてください。

絵が好きだったのなら少しだけ絵を描く、休日に美術館に行ってみる、動物が好きならペットショップや動物園に行ってみるなど。

徐々に好きなことへの情熱を取り戻します。日常に張り合いが生まれれば、仕事や勉強にも身が入るようになるはずです。

3 思い込みを解くための2つの質問

境界知能の人は、素直なため、他人が言っていることを鵜呑みにしてしまうことがあります。

しかし、特にSNSが浸透している現代では、自分の軸を持ったうえで情報の真偽や価値を判断しないと、最悪の場合、詐欺に引っかかったり、犯罪の片棒を担がされたりする恐れもあります

そんな自分の軸を持つために、僕が不確かな情報に直面したときに使う2つの質問を紹介します。

その情報って本当？

ＩＱが低いと成功できない、ＩＱが低いことが僕の不幸の原因だ、そう考えてい

る人もいるのではないでしょうか。確かにＩＱが高い人が成功しやすそうですし、幸せになる可能性も高そうですよね。

しかし、「その情報って本当？」と投げかけてみてください。すると、その情報に反する、さまざまな出来事や事実が見えてくるものです。たとえば、そもそも平均的なＩＱだからって、あるいは高いＩＱだからって、成功していない人や不幸な人はいくらでもいるだろうと。

一度、ギフテッドと呼ばれる高ＩＱの人と話したことがあるのですが、彼は彼なりに生きづらさを抱えていました。他人よりも数手先を瞬時に読めてしまうため、会話が噛み合わなかったり、何かを提案しても、その提案に至るまでのプロセスを理解してもらえないので、突拍子もないものとして受け取られてしまうなど、さまざまな困難があるようでした。

それに、お金を持っていても幸せに見えない人もいますし、わずかなお金で満たされた生活をしている人もいます。

そもそも僕自身、幸福感を感じて生きています。ユーチューブで発信活動を始めてから、「誰かの役に立てている」と思えたことで、幸せな気分に浸れます。音楽・絵画・文芸などを趣味としている人であれば、その中に幸せや生きがいを見つけることができると思います。

つまりＩＱが低いことが成功できない、幸せになれないというのは事実ではありません。

心の底から思っている？

境界知能は○○をすればうまくいく、と生きづらさを解消する方法を提示している人もいます。かくいう僕がそうですね。しかし、僕がお伝えするのも変なのですが、これだけやっておけばＯＫという方法はありません。つまり、万人に効く方法はないということです。

境界知能の人の「生きづらさ」は、ＩＱの問題ばかりではなく、環境や社会的な制度、人間関係、個人の資質などさまざまなことが複合的に絡まっているものだからです。

「これで明日から生きづらさが解消できます！」「この道具を使って僕は人生が一変

しました」など、見ている人が、簡単に人生が変われると錯覚させる情報を提供している情報発信者は、「生きづらさを解消させたい」という善意の裏に、「商品を購入してもらうため」「自分の認知を拡大させるため」など、他の目的もあったりします。僕も正直、こういった下心も多少はあり、ユーチューブで発信していることを白状しなければなりません。

一方、情報の受け取り手にとってはそういった裏の意図を汲み取ることが難しいこともあります。

そこで、気になる情報があったときに、「心の底から信じていいのか？」「心の底から、自分はこの人のことを信用していいのか？」と自問してみてください。

特に、情報発信者が「〇〇すれば△△できる！」「〇〇を買うだけで、誰でもできるようになる！」「私は〇〇で成功しました！　あなたにもできる！」「１００％成功する！」といった断定調で語られた情報に接したときに効果的です。

物事には常に例外があるわけですから、断定調で語られた時点で眉唾（まゆつば）だと思い、自問するのです。すると、先のような裏の意図に気づき、より冷静な判断ができるようになるでしょう。

人によっては疑うことに罪悪感を覚えるかもしれません。僕もなるべくなら、人を疑ったり、自分を疑うことはしたくありません。

ただ、「正直者がバカをみる」という言葉があるように、特に境界知能のＩＱの低さを逆手に取って利用する人も中にはいます。利用されたと気づいてからでは心の修復やその人との関係を取り戻すことは難しいでしょう。

情報社会ではいかに自分を守るかが大切になります。口に出す必要はないので、少しでも疑問を持ったら心の中で「疑う」ことを癖にしてください。

4 思い込みから抜けるための行動

前節では思い込みを解くための質問を、境界知能へ対するネガティブな情報を例にお伝えしました。

しかし、思い込みを外すには自分から新しい情報に触れたり、人と交流したり、体験を通して認識をずらすことも大切です。実際の体験を通してでしか、真実が見分けられないこともあるのです。

○苦手なサウナを克服した方法

僕は週に1回以上サウナに通っています。今でこそ大好きになりましたが、実は通う前にサウナに苦手意識がありました。サウナの内部が高温すぎて呼吸が思うようにできなかったり、それによってパニックを起こしそうになったこともあったのです。

また、水風呂も好きではありませんでした。小中のときの水泳の授業で、プールに入る前の消毒浴が大嫌いでした。冷たすぎて、心臓が止まりそうになったことを思い出します。当初、サウナは2分程度、水風呂は10秒浸かるのが限界でした。

しかしあるとき、サウナが苦手な人は思い込みによって苦手意識を持っているという情報を耳にしたのです。

冷水＝恐怖といったものや、サウナ＝すぐに出るものといった思い込みから体が拒否反応を起こすといったものです。つまり、サウナが苦手な人は体の拒否反応を起こすような「回路」が頭のなかに出来上がっているということ。

これを聞いたとき、一理あると思ったため修行のつもりで実際に体験することにしました。

最初は、思い込みによってなのか、体が拒否反応を起こしてすぐにサウナから出たくなります。

しかし、「これは思い込み。サウナは気持ちいいんだ」と心の中で唱えていると、ふと「これはいけるな」と思う瞬間が訪れたのです。そこから、5分くらいサウナに入り、水風呂にも1分弱は浸かれるようになりました。

そして今では、サウナに7～10分を3セット入り、水風呂には、60～１５０秒程度入れるようになりました。

この経験で、人は多くのことが思い込みによって挑戦できなくなっていることを理解しました。境界知能についても、それを悪いものと植え付けられていると、何かに挑戦する前に「どうせ自分はバカだから」などとあきらめやすくなってしまうと思うのです。

思い込みを外すには自分から新しい情報に触れたり、人と交流したり、体験を通して認識をずらし、すでに偏見によって出来上がっている頭のなかの「回路」を少しずつ壊していくしかありません。

5
怒りを抑える僕の3つの方法

境界知能の人は、感情のコントロールが難しいと言われています。

特に怒りに関しては厄介な性質を持っています。衝動的に怒りをぶつけてしまっては関係が壊れてしまいますし、怒りを消化できないと心身にも支障をきたします。

僕もイライラや怒りに悩まされてきました。

たとえば、運転をしているときに無理に割り込みをされると、「こいつなにやってんの？　ふざけんなよ、クソが」と思いましたし、ブレーキランプをやたら点滅させている車を見ると、「くっそ、運転下手だな」と心のなかで悪態をつきます。しかし、運転中に感情的になってしまうと、最悪の場合、命を落としかねません。

そこで日々解決方法を探ってきました。そして、だいぶ歯止めが効くようになった3つの怒りの抑え方を紹介します。

①とらえ方を変える

怒りを感じるときというのは、たとえばあなたが「自由」という価値観を大切にしているのであれば、それを奪おうと邪魔する人に会ったときや、許せないことをしていることを見たときが多いと思います。

あるいは、タバコに嫌悪感を抱いている人が、歩きタバコをしている人を見たら怒りが湧いてきます。

自分の大切にしている価値観やルールを簡単に破っている人を見ると、大切にしている価値観を踏みにじられた錯覚に陥り、「なんで私はこんなに我慢しているのにあの人だけ！」といった怒りを感じるわけです。

ただ、自分のなかの価値観やルールを相手に押しつけて変えようとするのはほぼ不可能です。相手にも相手の価値観がありますし、そもそも相手の行動を縛ることは自身の負担にもなります。

したがって、変われるのは自分だけと思うしかありません。「相手にも相手の事情がある」ととらえ直すのです。

自由な時間を邪魔してくる人がいたら、「この人はかまってほしいんだな、さみしいんだな」と考え直したり、歩きタバコをしている人がいたら「タバコを吸える場所が少なくてストレスが溜まってるんだろうな」とか。

事実と異なっていようが、自分が納得できる方向に考え直すのです。

②怒りを観察する

①の方法では、どうしても怒りが収まらない人もいるでしょう。

そこで、怒りという漠然としたものを細部まで観察することで収める方法があります。

イメージをするのが得意なら「この怒りはどんな形をしている?」「どんな色?」といった自問や、嗅覚が優れているなら「どんな匂いをしている?」「他に似ている匂いはある?」などと、五感を活用し、怒りを具象化していきます。マインドフルに観察していくことで、自然と怒りが沈静化していくことが多いものです。

③意識を外側に向ける

①と②は意識を内側に向ける方法でした。人によっては、意識を内側に向けると、怒りが増幅してしまうかもしれません。

そこで、２つ目の方法と本質は同じですが、怒りを内側で処理しきれないのであれば、意識を外側に向けることで怒りを収めるのです。

たとえば、運転中に怒りが湧いたのなら、「シートがおしりに触れている感覚」「ハンドルの感触」「車内の匂い」「小鳥のさえずり」など、観察する対象は何でもいいのですが、とにかく怒りに持っていかれそうになったら、外側に意識を向けるのです。

最近、僕はこの方法をよく使っています。お気づきかと思いますが、これは182ページで紹介した皿洗いと組み合わせたマインドフルネス法と同じ考え方です。

もちろん、いくらテクニックを学び、実行しても、思ったように効果が出ないことがあります。やはり、そもそも感情が乱れないように、基礎的な生活習慣（食事・運動・睡眠など）を整えることがより大切なのです。僕の場合、生活習慣が乱れると、次のようにメンタルを崩してしまいます。

- ジャンクフードやお菓子を食べる生活を続けると、かなりやる気が減退し、1日何もしたくないという症状が起こる。
- まったく運動をしていない週は、気分が落ち込みやすくなる。
- 睡眠時間が7時間を切るとイライラしやすくなる。普段は気にならない隣人の足音や多少の生活音が怒りにつながることも。

したがって、まずは生活習慣を整えたうえで、それでも怒りに悩まされたときに、ぜひこの方法を思い出して活用してください。回数を重ねるごとに、怒りの扱い方がうまくなっていくはずです。

6 自立するために複数の依存先を開拓する

これまでの人生で、幾度となく「他人よりもできない自分」を経験すると、１人で何でもできるような人に、強い憧れを抱くものです。

しかし、１人で生きているように思える人も、大切な家族・友人・恋人がいたり、複数の趣味を持っていたり、頼れる相談先があるものです。

「依存」という言葉から、ギャンブル依存・性依存・ネット依存など、悪いイメージを抱く人も多いでしょう。しかし、考え方によっては、適切な依存先がないからこそ、それらのマイナスな依存をしているとも考えられます。したがって、一般的に悪い依存も、別の何かに代替することで、解消できる可能性があると思うのです。

僕はジャンクなものを食べすぎたり、ユーチューブを長時間見てしまうことがあります。しかし、コントロールできないほどではありません。なぜなら、他の依存先があるからです。

僕の場合、筋トレをすると、悪い依存に手を染めにくくなる感覚があります。また、散歩やサウナ、カラオケなど、複数の趣味を持っているので、その日の気分に合わせて依存先を選択しています。どれもがプラスに働く依存と言っても、その日の気分や体調によっても手を出しやすいもの、出しにくいものがあると思いますから。

◯「沼る」直前の感覚をつかもう

とはいえ、いきなり依存先を切り替えるのは難しいですよね。大切なのは、タイミングと切り替えの積み重ねです。

僕自身ユーチューブを長時間見てしまったり、嫌なことがあると過食気味になってまわりが見えなくなることもあります。そして、気分が晴れるどころかますます落ち込みます。しかし、お菓子を少し食べてしまったときに、「これくらいにして、後は健康的な食事をとろう」とか、ユーチューブを少し見た段階で、「後の楽しみに取っておこう」など、依存する対象に気づくのが早ければ早いほど、手を引きやすくなります。これは依存先の切り替えを積み重ねるなかで、「このままだと沼に入って戻ってこられなくなるな」というタイミングを体感的に会得するしかありません。

○孤独な人は、ＡＩを良き相談相手にしよう

また、やめたくてもやめられない依存に長く悩んでいるなら信頼できる人・医師・カウンセラーに頼りましょう。１人で解決することに美徳を覚える人もいるかもしれませんが、これまでずっとしてきたことをやめるというのは、かなりの意志力が必要です。真面目な人ほど人に頼れず、ますます依存が強くなり、自責するというループにはまりがちです。自立するにはこのように、自分の弱さや欠点を認め、他の人に助けてもらう必要があることを受け入れてください。

それでも難しい場合は、ＣｈａｔＧＰＴに相談してみましょう。他人相手だと言えないようなことでも、ＡＩが相手ならさらけ出せます。実際、僕も活用しています。下手に人に相談するよりも的を射た解答をしてくれるので、人に相談しづらかったり、相談先がないという人はＡＩに頼ってみるとブレイクスルーできるかもしれません。

7 お金の安心感は収入源の数で決まる

前節で複数の依存先が自立を支えるという話をしました。仕事に関しても、同様のことが言えます。

1つの会社に依存して、収入の柱を1本だけにするより、複数の仕事をして柱を2本、3本と増やすほうが精神的にも安定してきます。1本の収入源がなくなっても他の収入源で補うことができるからです。僕も、正社員の頃からウェブライターとして副業していたことで、「いつでも正社員を辞めてやる」という精神状態に持っていけました。

しかし、そのような心境になるまでには紆余曲折（うよきょくせつ）がありました。特に境界知能の人は、疲れやすく仕事から帰ってくるとほとんどの場合、何もできない状態になってしまいます。

というのも、会社で働いていると、自分のミスによって他人に迷惑をかけたり、損害を与えることがないよう、過度に気を張ってしまいます。つまり緊張状態が続くのですが、それが肩や首のコリにもつながります。また、発達障害を併発しているケースでは、過集中（異常なまでに目の前のことに没頭すること）で疲れに気づけないまま休憩をとらなかったり、多動によってエネルギーを無駄に消費したりします。

そのため、出社前の数十分を有効活用しようと思いました。帰宅後よりも朝のほうがまだやる気があったからです。

まずは、ウェブライティングに必要な本を読んだり、ネットで情報を検索したりして、最低限の知識を身につけました。しかし、知識を身につけるだけでは実際に仕事に結びつきません。ウェブライターとして仕事を取るためには、クラウドソーシングなどを経由して、自分で案件を取ってくる必要があります。

最初はめちゃくちゃ怖くて、どのように提案していいのかわかりませんでした。最初の１件を送るまでにリアルに3日くらいはかかっていた記憶があります。会社での昼休みやスキマ時間も活用して検討したものです。ようやく慣れてきても10件の提案文のうち、1件採用されればいいところでした。その1件というのも、時給にして約500円といった、余裕で最低賃金を下回っているようなギャランティです。

この経験だけ語られると、そんな大変なことはできないよと思われる人もいるかもしれません。

しかし、副業を始めた当初は何もかも新鮮だったので、あまり苦ではありませんでした。どちらかといえば、「これで自分のスキルが少しずつ上がる」「自分で1円を稼げた」という自信のほうが大きかった気がします。本業があったことも安心材料になって、挑戦できたのでしょう。思い返してみると、意外に楽しんでいました。

お金を第一目的にしない稼ぎ方

大して稼げないわりに、労力がかかることに魅力を感じないというのは当然といえば当然です。そんな人に見つけてほしいのが、「お金を稼ぐ」ではない目的です。

僕がユーチューブを始めたのは、お金を稼ぐというよりは、自分と同じ生きづらさを抱えている人たちに、少しでも情報を提供したいというモチベーションがあったたからです。もし、お金を稼ぐことを第一目的としていたら、なかなか増えない登録者数や、収益化への見通しが立たない状況に失望して、絶対に続かなかったでしょう。当時は失業保険が入っていたこともあり、経済的に逼迫しているわけではありませんでした。それも、お金に執着する気持ちを薄めてくれたのではないかと思います。

とりわけ、今、本業で収入がある方は、生活の基盤はある程度安定しているのでしょうから、副業で始めるものは「お金を第一目的としない」というのが、モチベーションに悩まず続けるコツのように思います。ほとんどの副業は成果が出るまでかなりの期間がかかりますから。

趣味を副業化する

副業を趣味と（あるいは、趣味を副業と）考えるのもおすすめです。

筋トレを趣味でやっている人なら、「筋肉の付け方」「食事方法」「モチベーションの保ち方」などに悩み、情報収集してきたことでしょう。その過程で蓄積された知識や経験は、自分のなかでは当たり前になっていても、ビギナーにとってはお金を払ってでも知りたい役立つ情報になっているものです。

それらをブログやユーチューブ、インスタグラム、TikTokなどで発信してみるのです。

趣味という意識でいると、なかなかマネタイズできなくても「自分のためにはなっているからOK」という意識も芽生えやすいと感じます。

僕のユーチューブでの活動も収益というより、趣味の意識でやるほうが続くなという実感があります。

本業と副業の相乗効果を生み出そう

副業をすることで本業にも意欲が湧くという副次効果もあります。

本業と副業の大きな違いはコントロール感でしょう。会社に勤めている人は、勤務時間に仕事以外のことをやる時間というのはほとんどないといっても過言ではありません。そして、「お金のため」と割り切らなければやってられないこともあります。

対して副業はほとんどが自分主体で進められます。それが半分趣味のようなものであれば、そこまでお金に執着することなく、自分の裁量でコントロールできます。

このように、本業と副業のそれぞれ不足している部分（お金・自由・楽しさなど）を補完し合えますし、メリハリがつくので相乗効果が生まれるのだと思います。

そして、「いつ辞めても大丈夫かも」という中途半端な自信が、むしろいい具合に本業での思い切った行動につながるのでしょう。

確かに僕も正社員の仕事一本のみだった頃と、ウェブライターを兼業していた頃を比べると、明らかに後者に本業へのモチベーションの高まりを感じました。会社の名を借りず、自分の力で1円でも稼いだ事実が、本業の仕事にも活かされている感覚がありました。

本業だけの収入しかないという人は、まずは自分の趣味を極めることから始めてみてはいかがでしょうか。

8 心身の疲れは「ながら」で取れ

身体面の不器用さや感情の不安定さから、慢性的な疲労感がつきまとっているという境界知能の人は多いのではないでしょうか。

僕は20代半ばまでは寝れば翌日に疲れが強く残ることはありませんでした。しかし30代になると寝るだけでは疲れが取れなくなってきました。

そのため、積極的に体の疲れを取る次のような活動を取り入れています。

サウナ——僕の疲労回復法①

一番効果を実感したのがサウナです。ここ半年の間に週に1回以上通うようになりました。

個人的に大きな効果として感じられたのが、睡眠の質が大幅に改善したことです。

サウナから出た1時間～2時間後にベッドに入ると、かなり睡眠の質が高まった感覚を得られます。湯船に浸かることでも同様の効果は得られますが、サウナはより効果が大きい印象です。僕は夜中や早朝に目が覚める頻度が多いのですが、サウナに入った日は朝方まで1回も起きることがなくなりました。心拍数を上げることで、運動と同じような効果が期待できると言われているため、血管のアンチエイジングや心不全のリスクを下げる効果があるとされています。

アクティブレスト——僕の疲労回復法②

他には、アクティブレストを意識しています。これは、体を動かす休憩のことです。たとえば、休憩するにしても、椅子にじっと座るのではなく、あえて部屋の中を歩き回るのです。休日に部屋からまったく出なかったのに、疲れが取れなかったという経験をしたことがある人も多いでしょう。これは、動かないことで血流が滞るため、余計に疲れを感じることが1つの要因です。

僕も以前は、家から一歩も出ないほうが体の疲れが取れるのではないかと思っていましたが、近くの公園に散歩に行くなどアクティブレストを取り入れてから、睡眠が深くなりました。能動的に体を動かすと、結果的に疲れが取れやすくなるのです。

ながらでできるマッサージ——僕の疲労回復法③

時間的な制約がある人は、何かをし「ながら」できるマッサージをしてみてください。ユーチューブ等で手軽にできるマッサージ法を紹介する動画がたくさんありますので、気になる人はぜひ検索して試してみてください。

片手が空くのであれば、マッサージガンもおすすめです。動画を見ながらはもちろん、片手で本を持てば、読書をしながらでも使うことができます。

体と心は一体なので、どちらかが疲れるともう一方に大きく影響します。精神面からのアプローチは目に見えづらい分、難しく感じるでしょうが、体からのアプローチは比較的わかりやすいものです。疲れが溜まっているときはもちろん、日頃から少しでも体をケアしてあげて、健全な精神状態を保ちたいものです。

9 ダメな自分に無理やり「いいね！」する

仕事ができない、うまく人間関係を構築できない、何をするにも要領が悪いなど、僕は事あるごとに自分の能力の低さに絶望し、挫折感に苛(さいな)まれてきました。

しかし、そのまま自己否定に走ると、自分を徹底的に痛めつけてしまいます。自己否定の怖いところは「何をやってもだめだと感じる」といった失敗への過度な恐怖、行動や習慣が否定的になるセルフネグレクト、他人と比較して自分の価値が見えなくなることなどがあります。いずれ精神疾患になったり、モチベーションが湧かないという事態に陥ります。

僕も長年自己否定を習慣にしてきたことが1つの要因になり、うつ病になりました。そこで最近気をつけていることは「自己否定をしない」ということです。とはいえ長年の習慣から無意識に自己否定してしまうことも。

最近でいえばバイクで公道を走っているときに転んでしまい、左ひざと左脚を痛めてしまいました。しかも、1回ならまだしも、バイクに乗り始めて5回以上は転んでいます。

転んだときは激しい自己否定に苛まれます。「また転んでしまった」「あれだけ気をつけろといったのに」「自分にはバイクに乗る資格はない」など、自分を激しく痛めつける言葉が無意識に浮かんできます。

しかし、今までの経験から自己否定にはネガティブな影響しかないとわかっていたので、自分で自分にやさしい言葉をかけることにしました。「だれだってそういうことはある」「雨の日にこけないほうがおかしい」「ゆっくり休もう」……。このような言葉がけを意識的に行うことで心が軽くなって回復も早まったように思います。

やさしい言葉を考えるときのコツは自分の大切な友人やペット、家族などが今の自分と同じような考え・事態になったらどういう言葉をかけるかを考えることです。大事な人がバイクで転倒したら「お前の不注意が原因だよ！」「お前にはバイク向いてないね、やめれば？」と厳しい言葉をかけるでしょうか。きっと「命を落とさなくて良かったね」「俺も最初バイク運転したときはよくコケてたよ」などと、優しい言葉をかけてあげるのではないでしょうか。その言葉によって、「今までよりもっと注意しなくちゃな」と自然と気が引き締まってくるでしょう。

自分を変える言葉は、否定的な言葉ではなく思いやりのある言葉だと思います。ぜひ試してみてください。

◯自己否定する自分に「いいね！」

またどんな考え方や行動にたいしても「いいね！」と肯定する癖をつけるのもおすすめです。

- ●「転んでしまった自分」↓「いいね！」
- ●「情けないと思っている自分」↓「いいね！」
- ●「ひどい言葉が浮かんでいる自分」↓「いいね！」

つまり自己否定をしている自分を肯定するということ。自己否定をやめようと思うより自己否定をしてしまう自分でも許す、そしてそれを肯定する。

バカらしいと思うかもしれないですが、肯定的な言葉をかけるほうが、圧倒的に立ち直りが早くなります。

あとがき

境界知能の人がもっと生きやすくなるために

最後までお読みいただき、ありがとうございました。

本書を手に取ってくれた人は、「境界知能」というワードに何かしらピンとくるものがあったのでしょう。

「境界知能？　なんだそれ」「境界知能って悪く言われているんでしょ？」「境界知能かあ。自分もその傾向あるんだよな」「まわりに境界知能のような傾向を持つ人がいて困ってるんだよな」……

理由はどうあれ、境界知能当事者として、この本に興味を持ってくださったことをありがたく思います。

本書では私の体験談、情報発信をしていくなかで多く寄せられた困りごと、反響などをもとにして、すぐに行動に結びつけられるように、ハードルを下げた生きづらさの解消法をお伝えしてきました。

なかには「こんなの当然じゃん」とか、あるいは「こんなことできるか！」と思う内容もあるでしょう。

境界知能と一口にいっても、そのなかにもまたＩＱ70～84までのグラデーションがあり、抱える悩みもその程度も、資質や環境も異なるので、当然の反応かと思います。

本書に関する疑問点や、意味を汲み取れないという声に対しては、できるだけ私のユーチューブやＳＮＳ等で回答できればと考えています。

約半年前、「本を出版しませんか？」と依頼をいただきました。「いつか本を出版したい！」と漠然と思っていましたが、まさかお声がけいただけるとは。

しかし、当時の私は半信半疑でした。本を出版（商業出版）できるのは一部の限られた人だけだと思っていたからです。これまでキンドルで電子書籍の販売や、ウェブライターとして活動してきたものの、「まえがき」でもお伝えしたように、商業出版ができるような実績やスキルを持っているとは思えなかったからです。

実際に原稿を執筆していくなかで、勝手がわからず、途方にくれることもありました。また、この期間に新型コロナウイルスにかかり、編集者に迷惑をかけてしまいました。

一方で編集者の側も、境界知能というハンデを公開している私に対して、どのように接するべきなのか、手探りだったのではないかと思います。それでも、境界知能の当事者の私を信じて、出版に至るまでさまざまな協力をしてくださいました。そして、このたび、商業出版という夢を叶えることができたのです。

境界知能の自覚がある当事者が書いた本というのは、おそらく初だろうと思います。そして、境界知能の当事者でも「出版社から商業出版できる」ということを示せたのは、境界知能の人がもつ閉塞感の殻に少しでもヒビを入れられたのではないかと自負しています。

約4年前に遡りますが、私がユーチューブで発信しだした当初は、境界知能について発信している動画はほとんどなく、今よりさらに認知されていない状態でした。

「境界知能のことを発信し続けて意味があるのだろうか」と何度思ったことか。

しかし、そんななかでも励みになったのは「境界知能のことについて初めて知りました！」と認知が拡大していることを実感したことです。

「仕事ができない部下を叱ってしまった。この動画を早く見てれば……」「境界知能のことをもっと知りたいです」などの境界知能への理解を示してくれる人の声も励みになりました。

「知能検査を受けてみようと思います」といった、自分自身の生きづらさの要因に境界知能があるのではないかと考えてくれた人もいます。

境界知能はネガティブな文脈で語られることのほうが多いですが、いつも発信活動を支えてくれる方々がいたからこそ、ここまで続けて来られました。

そして皆様からいただく温かいコメントや返信が、私の楽しみであり、生きる糧になっています。ぜひ、本書に対してのレビューを書いていただけたらうれしいです。

本書の執筆やメディア出演等を経験して、もしかしたら境界知能の人がもっと生きやすくなる時代が来るのかもしれないと、淡い期待を抱いています。私も当事者として、まだまだ発信活動を続けていきます。

境界知能の人が少しでも生きやすくなる世の中になりますように。

2024年8月

なんばさん

なんばさん

1991年生まれ。境界知能の当事者。境界知能ユーチューバーとしての活動をメインに、たまにスポットでウーバーイーツでの配達を入れるなどして、一人暮らし生活をやりくりしている。

専門学校卒業後、アルバイトを経て、正社員として5年半働く。退職後、障害者雇用、A型作業所、フリーランスなど、さまざまな働き方を経験。

28歳のときに「発達障害」「うつ病」と診断され、治療を受けたり、環境を変えたりしても、なかなか生きづらさは軽減されず。IQ84という知能検査の数値が気になってリサーチしたところ、IQ70～85未満の領域に当たる「境界知能」であることを自覚。以降、境界知能ならではのライフハックやメンタルケア、学習法を探求。各種SNSでの発信、メディア出演、境界知能の相談事業、キンドル出版などを通じて「境界知能独自の生きづらさとその解消法」について認知拡大のために活動している。


「なんばさん／境界知能×HSPちゃんねる」

www.youtube.com/@nanbasan.hsp-border

境界知能の僕が見つけた人生を楽しむコツ

2024年10月5日　初版発行

著　者　なんばさん
発行者　太田 宏
発行所　フォレスト出版株式会社
〒162-0824
東京都新宿区揚場町2-18 白宝ビル7F
電　話　03-5229-5750（営業）
　　　　03-5229-5757（編集）
URL　http://www.forestpub.co.jp

印刷・製本　中央精版印刷株式会社

ISBN978-4-86680-817-8　Printed in Japan